Norbert Sommer-Stumpenhorst/Martina Hötzel

Richtig schreiben lernen von Anfang an

Herausgeber

Gabriele Cwik war Rektorin an einer Grundschule und pädagogische Mitarbeiterin im Ministerium für Schule und Weiterbildung des Landes Nordrhein-Westfalen. Sie ist Schulrätin in der Schulaufsicht der Stadt Essen und zuständig für Grundschulen.

Dr. Klaus Metzger ist Regierungsschulrat, zuständig für alle fachlichen Fragen der Grundschule und die zweite Phase der Lehrerausbildung für Grund- und Hauptschulen im Regierungsbezirk Schwaben/Bayern.

Die Autoren:

Norbert Sommer-Stumpenhorst ist Diplom-Psychologe und Leiter der Regionalen Schulberatungsstelle für den Kreis Warendorf. Er hat zahlreiche erfolgreiche Materialien und Bücher zum Thema Rechtschreibtraining und Umgang mit Lese- und Rechtschreibschwäche veröffentlicht.

Martina Hötzel unterrichtet an einer Grundschule im Bergischen Land und arbeitet außerdem in der Lehrerfort- und -weiterbildung.

Norbert Sommer-Stumpenhorst/Martina Hötzel

Richtig schreiben lernen von Anfang an

Methodenkompetenz
Differenzierte Förderung
Lesen lernen Schritt für Schritt

Cornelsen
SCRIPTOR

Die in diesem Werk angegebenen Internetadressen haben wir überprüft (Redaktionsschluss Januar 2010). Dennoch können wir nicht ausschließen, dass unter einer solchen Adresse inzwischen ein ganz anderer Inhalt angeboten wird. Deshalb empfehlen wir Ihnen dringend, die Adressen vor der Nutzung im Unterricht selbst noch einmal zu überprüfen.

www.cornelsen.de

Bibliografische Information: Die Deutsche Bibliothek verzeichnet diese Publikation in der Deutschen Nationalbibliografie; detaillierte bibliografische Daten sind im Internet über http://dnb.ddb.de abrufbar.

Dieser Band folgt den Regeln der deutschen Rechtschreibung, die seit August 2006 gelten.

6. Auflage 2010

Redaktion: Gabriele Teubner-Nicolai, Berlin
Herstellung: Brigitte Bredow, Berlin
Umschlaggestaltung: Claudia Adam, Darmstadt
Umschlagfoto: Michael Seifert, Hannover
Satz: FROMM MediaDesign, Selters/Ts.
Druck und Bindearbeiten: fgb · freiburger graphische betriebe
Printed in Germany
ISBN 978-3-589-05126-7

Gedruckt auf säurefreiem Papier,
umweltschonend hergestellt aus chlorfrei gebleichten Faserstoffen.

Inhalt

Vorwort

Die Sprache als Kommunikationsmittel braucht ein „Gegenüber“. Mit der Schrift eröffnet sich eine Welt der Kommunikation, die zeitlos und ortsungebunden ist. Ich kann mich über die Schrift mit jemandem unterhalten, der weit weg ist. Ich kann etwas erfahren von jemandem, der gestern gelebt hat und ich kann mich jemandem mitteilen, der morgen erst leben wird. Die rechtschriftlichen Regelungen machen das Geschriebene eindeutig.

Wir betrachten den Schreiblernprozess als einen qualitativen Entwicklungsprozess. Am Anfang steht die Idee der Mitteilung: gesprochene Sprache oder einen Gedanken in Schriftzeichen zu übertragen. Die Sprache ist also der Ausgangspunkt für die Schrift. Wir lehren die Kinder nicht Wort für Wort, sondern vermitteln ihnen eine Technik (Anlauttabelle), wie sie von der gesprochenen Sprache zu den Buchstaben finden. Damit steht ihnen für die Schrift sofort die ganze Welt ihrer Sprache zur Verfügung.

Diese Übertragung der gesprochenen Laute in passende Buchstaben ist bereits „Rechtschreiben“. Es ist das grundlegende Prinzip der Laut-Buchstaben-Zuordnung, auf das alle Buchstabenschriften zurückgreifen. Aber es ist natürlich nicht die ganze Rechtschreibung.

Von der Privatschrift des Schulanfängers zur orthografisch richtigen Schreibung des Erwachsenen ist es ein langer Lernweg. Es gilt, diesen Lernweg für die Kinder zu ordnen und überschaubar zu machen. Die Laute werden nicht beliebigen Zeichen zugeordnet, sondern diese Zuordnung geschieht nach einem bestimmten Prinzip. Auch die richtige Schreibung der Wörter folgt bestimmten Regeln und Gleiches gilt für die Unterteilung von Texten. Die Ordnung des Lernweges wird bestimmt von der Ordnung der Rechtschreibung.

Unser Konzept bietet den Kindern diese Ordnung der Rechtschreibung „von Anfang an“ als Leitfaden für den Rechtschreiblernprozess. Der „Hör-, Schreib- und Sehpass“ ordnet für die Kinder den ersten Schritt und zeigt ihnen, welches Rüstzeug sie brauchen, um Wörter zu verschriften.

Da wir den Rechtschreiblernprozess als qualitativen Entwicklungsprozess betrachten, brauchen wir keine Fibel und auch keinen auswendig zu lernenden Grundwortschatz. Es geht um die verinnerlichte Anwendung der Konstruktionsprinzipien von Schrift. Diese werden Schritt für Schritt entwickelt und eingeübt – nicht bewusst, sondern in der Entwicklung eines inneren (unbewussten) Regelsystems: als Rechtschreibgespür.

Da die Kinder in der ersten Klasse unterschiedliche Talente und Fähigkeiten mitbringen, wird dieser Lernprozess verschieden verlaufen. Jedes Kind braucht unterschiedlich viel Zeit und Übung für die Verinnerlichung der rechtschriftlichen Prinzipien. Der Rechtschreiblernprozess kann daher nur in einem differenzierten Unterricht erfolgreich sein.

In differenzierten Übungsstunden üben die Kinder Techniken, wie sie die gesprochene Sprache in orthografisch richtiger Form verschriften können. Im Sprach-, Sach- und Religionsunterricht wenden sie diese Fertigkeiten (auf jeweils ihrem Niveau) an. Der „Hör-, Schreib- und Sehpass" ordnet für die Kinder die Arbeit in den Übungsstunden. Er verschafft der Lehrerin oder dem Lehrer einen Überblick darüber, was die Kinder geübt haben und was sie schon können.

In diesem Buch wird die Vorgehensweise im Anfangsunterricht Schritt für Schritt und für die ersten Wochen Unterrichtsstunde für Unterrichtsstunde entwickelt. Die gesprochenen Texte, die Identifikationsfiguren, die Klassenrituale, die Schreibanlässe, all dies ist austauschbar und ersetzbar.

Das Buch soll Anregungen geben, wie der Anfangsunterricht so differenziert werden kann, dass er den Lernvoraussetzungen und Lernmöglichkeiten der Kinder gerecht wird, ohne dass wir als Lehrerinnen und Lehrer den roten Faden und den Überblick verlieren.

Wir geben ein Beispiel, wie man es machen kann, nicht wie man es machen muss. So wie jedes Kind seinen Weg zur richtigen Schrift suchen und gehen muss, so sollte auch jede Lehrerin und jeder Lehrer einen Weg für die Vermittlung suchen und weiterentwickeln. Allerdings sind diese Wege nicht beliebig. Der Rahmen ist vorgegeben durch die Ordnung der Rechtschreibung. Die Auswahl der Methoden wird bestimmt von ihrer Handhabbarkeit und dem Ertrag.

Die in diesem Buch beschriebene Vorgehensweise für den Anfangsunterricht wurde in über 30 Klassen erprobt. Die Unterrichtsentwürfe haben wir in der Ich-Form geschrieben, um eine möglichst leichte Lesbarkeit zu erreichen. Die Schülertexte sind durchgehend aus einer Klasse, um die Entwicklungen der Kinder deutlich zu machen. Die Kolleginnen, die diese Vorgehensweise erprobt haben, sind unterschiedlich vorgegangen. Dort, wo deutliche Abweichungen von den Verlaufsbeschreibungen vorkamen, sind entsprechende Hinweise in den Abschnitten „Reflexion" aufgenommen worden. Dort finden Sie auch Anmerkungen, wie die beschriebene Vorgehensweise weiter verbessert werden kann.

Das Konzept haben wir vielen Kindern zu verdanken. Ihnen und ihren Lehrerinnen und Lehrern, die sie beobachtet und uns wichtige Hinweise gegeben haben, ist dieses Buch gewidmet.

1 Die ersten Schultage – Hören, Schreiben, Sehen als Grundlage für das Lesen- und Schreibenlernen einführen

Der erste Schultag

Die meisten Kinder, die in die Schule kommen, erwarten hier etwas anderes als die Spiele aus dem Kindergarten. Sie gehören nicht mehr zu den kleinen „Kindergartenkindern", sondern sind stolze Schulkinder. Befragungen von Erstklässlern zeigen uns, was die Kinder von der Schule erwarten: Hier lernen wir lesen, schreiben und rechnen. Und dieses Lernen soll anders sein als das Spielen im Kindergarten. Das wollen die meisten Kinder und dies müssen wir vom ersten Schultag an ernst nehmen, um bei ihnen eine angemessene Erwartungshaltung aufzubauen. Schulisches Lernen ist anders als vorschulisches Spielen.

Allerdings gibt es auch Kinder, die keine älteren Geschwister haben, von deren Erfahrungen sie profitieren können. Sie gehen sicher nicht nur mit freudiger Erwartung, sondern auch mit Ängsten und Befürchtungen zum ersten Mal zur Schule. Kann ich das? Werde ich das lernen? Wie ist meine Lehrerin, wie sind meine Mitschülerinnen und Mitschüler? Muss ich jetzt den ganzen Vormittag still sitzen und zuhören? Wie kann ich das alles behalten, was ich dort lernen soll? Kinder brauchen Zuversicht und Selbstvertrauen und die Erfahrung, dass sie in der Schule in einem vertrauensvollen Klima lernen. Und auch das ist am ersten Schultag wichtig: die Kinder spüren lassen, dass sie gemocht werden. Die Erfolgszuversicht der Kinder erwächst aus dem Vertrauen, das wir ihnen von Anfang an entgegenbringen: Ich weiß, dass ihr alle Lesen und Schreiben und Rechnen lernen werdet. Das wird manchmal anstrengend sein, aber es wird auch schön sein, etwas Neues zu können.

Der erste Schultag ist ein gegenseitiges Kennenlernen. Hier wird der Grundstein für realistische Erwartungen, Vertrauen und Zuversicht gelegt. Und so wird den Kindern schon am ersten Schultag vermittelt: Hier in der Schule wirst du etwas lernen und wir werden zusammenarbeiten. Ich bin ganz sicher, dass du das kannst. Und du kannst sicher sein, dass ich dir helfe – weil ich dich mag, so wie du bist.

Einführung

Medien: Schultüte mit Namensschildern und Klassentier (Tigerente)

Die Lehrerin erzählt den Kindern, dass sie etwas mitgebracht hat und holt eine Schultüte hervor. Darauf klettert die Tigerente aus der Schultüte und stellt sich den Kindern vor: *Oh wie toll! Endlich sind die Kinder da! Den ganzen Sommer über habe ich schon auf euch gewartet. Dann kann es doch jetzt gleich losgehen … Ich möchte bitte gleich lesen und schreiben und rechnen lernen …*

Lehrerin: *Na, du hast es aber eilig …* Die Tigerente wird auf ihren Platz gesetzt. Sie schaut von ihrem Platz aus dem Unterricht zu. Die Tigerente soll für die Kinder eine Identifikationsfigur sein und sie im ersten Schuljahr begleiten.

Die Lehrerin zieht ein Namensschild aus der Schultüte. Die Kinder versuchen, Namen oder Buchstaben auf den Schildern zu lesen. Nach und nach werden Namensschilder an alle Kinder verteilt. Zum Schluss bekommt auch die Tigerente ihr Namensschild. Beim Austeilen der Namensschilder können die Vorkenntnisse der Kinder im Lesen bzw. beim Erkennen von Buchstaben ausgelotet werden.

Kleine Arbeitsphase

Medien: Für jedes Kind ein Tigerentenblatt, Buntstifte

Die Kinder sollen die Tigerente auf dem Arbeitsblatt bunt ausmalen. Wer möchte, kann der Tigerente auch schon etwas auf das Blatt schreiben, den eigenen Namen oder einen Buchstaben.

Die Lehrerin kann durch die Klasse gehen und auf die Stifthaltung einzelner Kinder achten. Außerdem kann sie beobachten, wer von den Kindern schon erste Schreiberfahrungen hat.

Schulschluss

Nachdem die Kinder ihre Schultasche gepackt haben, werden sie verabschiedet. Lehrerin: *Ich freue mich, wenn ihr morgen alle wieder zur Schule kommt. Wollt ihr morgen nur malen und spielen oder wollt ihr alle lieber Lesen- und Schreibenlernen?* Auf die rhetorische Abschlussfrage entscheiden sich die Kinder aller Wahrscheinlichkeit nach von sich aus für das Lesen- und Schreibenlernen. Damit wird von Anfang an ein anderer Akzent als im Kindergarten gesetzt. Die Frage stärkt aber auch von Anfang an die Eigenverantwortung der Kinder für ihr Lernen.

Hören

Lautunterscheidung

Für die Übungen zur Lautunterscheidung haben sich bildgestützte Hörübungen besonders gut bewährt. Den Kindern werden Karteikarten mit Bildern vorgelegt. Diese Bildkarten sollen von den Kindern nach einem ganz bestimmten Laut am Wortanfang durchsucht werden. Um diese Aufgabe zu lösen, müssen sie den abgebildeten Begriff sprechen und ihre Aufmerksamkeit auf den Laut am Wortanfang ausrichten. Die Hörübungen bleiben zunächst auf den Anlaut beschränkt, weil das die erste Schwierigkeitsstufe beim Heraushören von Lauten ist, die von Kindern bewältigt werden muss (s. S. 118 f.).

Für die Anlautübungen im ersten Schulhalbjahr wurde eine Bildkartei mit Anlautbildern (Karteikasten) verwendet. Diese Bildkartei besteht aus fünf Päckchen mit jeweils 40 Bildkarten:

1 Anlaut:
Vokale/Diphthonge (A, E, I, O, U, Au, Ei, Eu)
2 Anlaut:
Dauerkonsonanten 1 (F, L, M, N)
3 Anlaut:
Dauerkonsonanten 2 (R, S, Sch, W)
4 Anlaut:
Plosiva 1 (B, D, G, H)
5 Anlaut:
Plosiva 2 (K, P, T, Z)

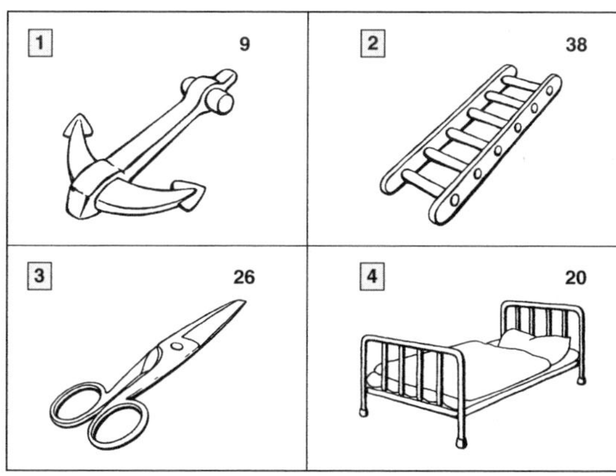

Zu jedem Laut gab es eine Sortiervorlage, auf der auch das Anlautbild (s. S. 16) von der benutzten Anlauttabelle abgebildet war.

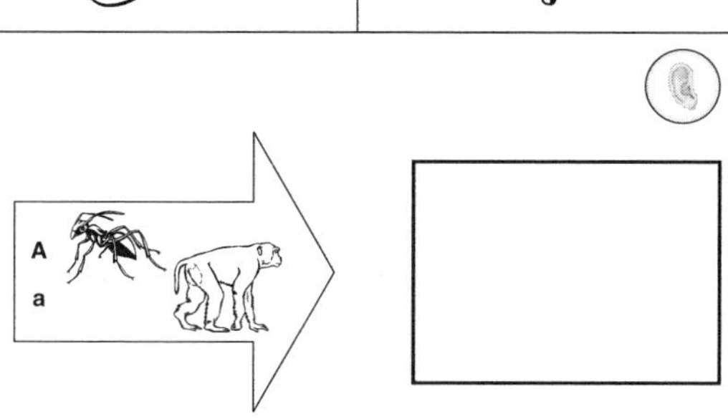

Bildkartei

Einführung

Medien: Leo (Rabe als Handpuppe), Symbole: Hand, Ohr, Auge

Am zweiten Schultag hat sich morgens der Rabe Leo im Klassenschrank versteckt. Er hatte sich in der Nacht verflogen und war in der Schule gelandet. Leo erzählt von sich.

Zwei ***Klassentiere*** (Tigerente und Leo) als Identifikationsfiguren haben Vorteile: Sie können unterschiedliche Charaktere darstellen. Auf der einen Seite ist die Tigerente, ein „angepasster“ Schüler, der sich an alle Regeln hält. Auf der anderen Seite ist Leo, ein weniger „angepasster“ Schüler, der Regeln öfters infrage stellt und zum Lernen überredet werden muss. Im Spiel mit diesen unterschiedlichen Figuren können Konflikte in der Klasse angesprochen und probeweise gelöst werden.

Die Lehrerin macht Leo den Vorschlag: *Wenn du nun schon einmal hier bist, kannst du auch mit den Kindern etwas lernen? Die Kinder möchten gleich heute mit dem Lesen und Schreiben anfangen.* Leo ist begeistert: *Au ja, heute möchte ich schreiben lernen!* Die Lehrerin bremst ihn: *Mal langsam, ganz so schnell geht das nicht! Zuerst musst du die Buchstaben kennenlernen.*

Leo: *Dann möchte ich heute das L wie Leo kennenlernen. Kannst du mir das zeigen?* Die Lehrerin erklärt: *Um einen Buchstaben zu lernen, braucht ihr euer Ohr* (Symbolkarte mit dem Ohr wird hochgehalten). *Mit dem Ohr hört ihr, wie die Buchstaben klingen.*

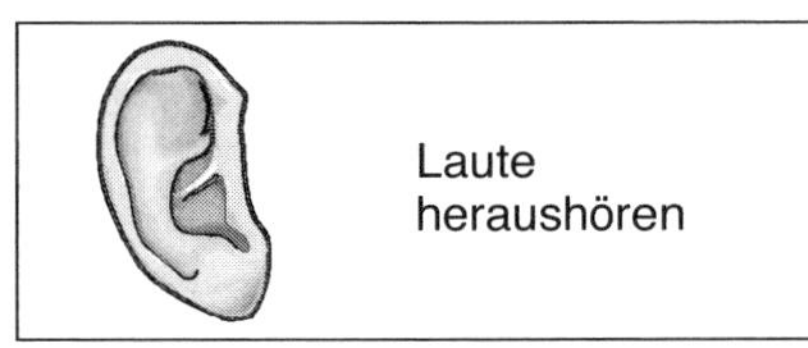

Dann braucht ihr eure Hand (Symbolkarte mit der Hand wird hochgehalten). *Mit der Hand schreibt ihr den Buchstaben.*

Außerdem braucht ihr eure Augen (Symbolkarte mit dem Auge wird hochgehalten). *Mit den Augen könnt ihr die verschiedenen Buchstaben unterscheiden.*

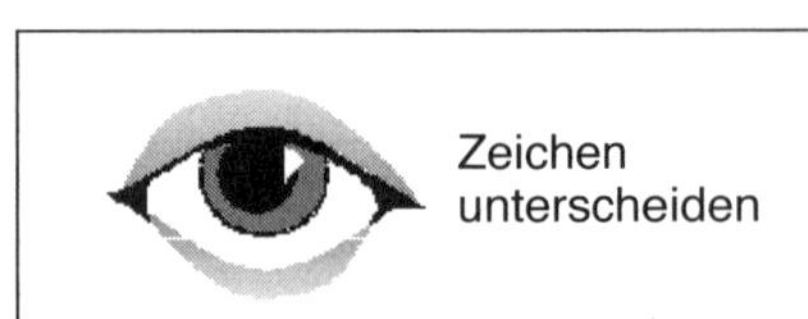

Die Kinder sollen in der Schule lernen, selbstständig und eigenverantwortlich zu arbeiten. Eine notwendige Voraussetzung dafür ist, dass die Kinder nach und nach eine gewisse ***Methodenkompetenz*** erwerben. Um dies zu erreichen, wird ihnen von Anfang an erklärt, weshalb eine Übung wichtig ist, welchen Sinn sie macht und was hierbei gelernt werden kann. Mit den drei Symbolen „Hand“, „Ohr“ und „Auge“ werden den Kindern die drei Übungsformen zum Erlernen der Laut-Buchstaben-Zuordnung verständlich gemacht. Diese Symbole werden immer wieder aufgegriffen. Sie kennzeichnen die Fächer mit den entsprechenden Übungsmaterialien, die Lernstationen im Klassenraum und die Felder auf den Protokollbögen (s. S. 32).

Lehrerin: *Das <l>[1] hörst du bei Leo.* Das <l> bei Leo überbetont deutlich und gedehnt sprechen. *Bei wem fängt der Name auch mit einem <l> an? … Wer findet noch ein anderes Wort mit <l> am Anfang?* Die Kinder sammeln Namen und Wörter mit „l“ am Wortanfang.

Oft können bereits zu Schulbeginn manche Kinder in der Klasse schon einige Buchstaben oder ihren Namen schreiben. Daher ist es sinnvoll, mit der ***Hörübung*** zu beginnen. Das Heraushören von Lauten ist normalerweise für alle Kinder neu und durch keine Vorerfahrung geprägt. Außerdem ist das Heraushören von Lauten im Vergleich zur visuellen Differenzierung und zur Schreibmotorik am schwierigsten. Deshalb wird gerade bei der Hörübung den Kindern am ehesten von Beginn an deutlich, dass Lernen nicht nur Spielen und dass Üben manchmal auch etwas Anstrengendes ist.

Erarbeitung

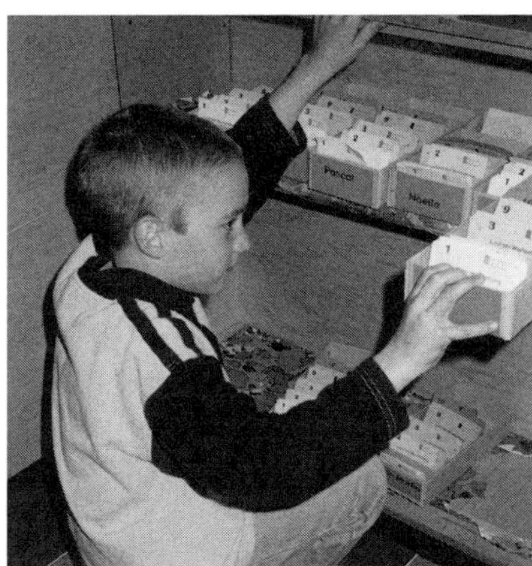

Medien: Sortiertafel und Bildkartei für jedes Kind; (s. S. 12)
Sortiertafel und Bildkartei als Demonstrationsmaterial

Jedes Kind hat im Schrank eine eigene Bildkartei stehen. Dadurch ist gewährleistet, dass jedes Kind entsprechend seinem Lernstand und seinem Arbeitstempo die Übung selbstständig durchführen kann. Die Lehrerin zeigt den Kindern die Bildkartei: *Sucht aus den Karten*

1 Dort wo ein Laut gesprochen wird, wird der Buchstabe in spitze Klammern gesetzt. Dort, wo der Buchstabe genannt wird, wird er zwischen Anführungsstriche gesetzt.

einmal alle Bilder heraus, die mit <l> anfangen. Diese Karten mit den <l>-Wörtern legt ihr auf diese Sortiertafel. Alle anderen Karten kommen wieder zurück in den Karteikasten.

Integration

Medien: Klangstab als Leisezeichen, Bildkartei und Sortierunterlage für jedes Kind, Bildkartei und Sortierunterlage als Demonstrationsmaterial

Der Klangstab, der zuvor mit einem Bewegungsspiel als Leisezeichen/Zuhörzeichen eingeführt worden ist, beendet die Sortierphase. Nach der Hörübung sollen die Kinder ihre Aufmerksamkeit auf die Lehrerin ausrichten. Dabei ist es sinnvoll, den Kindern ein akustisches Zeichen (Klangstab, Gong) zu geben (und kein visuelles wie beispielsweise Hand hochheben oder Finger auf den Mund legen). Normalerweise sind die Kinder so intensiv mit dem Hören und Lautieren beschäftigt, dass sie ein visuelles Signal nicht so schnell wahrnehmen können.

Im gemeinsamen Unterrichtsgespräch lesen die Kinder die gefundenen <l>-Wörter vor. Die Arbeitsergebnisse werden anschließend gemeinsam besprochen.

An der Bildkartei von Leo kann die Lehrerin die L-Wörter mit den Kindern noch einmal besprechen. Dabei kann sie auch „falsch sortierte Bildkarten" von den Kindern herausfinden lassen. Später können die Kinder anhand von Lösungskarten zur Bildkartei Klasse 1 selbst überprüfen, ob sie alle Karten richtig sortiert haben.

Besonders wichtig ist, mit den Kindern von Beginn an das Aufräumen nach getaner Arbeit einzuüben. Nur wenn dies zur Gewohnheit wird, bleibt dem Lehrer unnötig viel Arbeit erspart. Auch die Ordnung der Karten in der Bildkartei gehört zum Aufräumen dazu und muss genau besprochen werden: Im hintersten Fach der Bildkartei werden alle Lösungen der Sortierung gesammelt. Dadurch hat der Lehrer die Möglichkeit, die Sortierung der Karten von jedem einzelnen Kind auch zu einem späteren Zeitpunkt noch einmal genau zu kontrollieren. Damit verschafft er sich die Möglichkeit, einzelnen Kindern konkrete Rückmeldung über ihr Arbeitsergebnis zu geben.

Die Kinder bewältigten in meiner Klasse die Aufgabenstellungen ohne nennenswerte Schwierigkeiten. Die Aufgabenstellung lässt sich für einzelne Kinder vereinfachen, indem man die Anzahl der Karten reduziert und darauf achtet, dass genügend <l>-Wörter in dem aussortierten Packen sind.

Hausaufgabe

Medien: Hausaufgabe zur Demonstration (Anlautblatt/gelöste Aufgabe), für jedes Kind ein leeres Blatt, ein kleines Anlautschildchen und ein Kleber

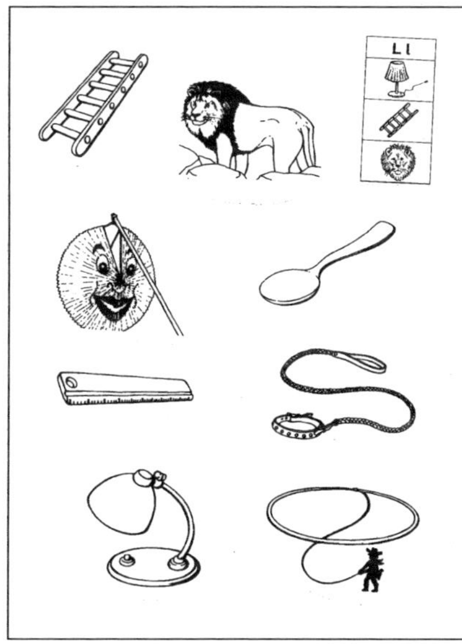

Die Kinder erhalten ein leeres Blatt, auf das sie rechts oben ein kleines Anlautschildchen (mit drei Anlautbildern zum Buchstaben „L") kleben.

Zu Hause sollen die Kinder aus Zeitungen Bilder von Wörtern, die mit „L" beginnen, ausschneiden und aufkleben. Alternativ (oder als Ergänzung) wird ihnen angeboten, Bilder von „L-Wörtern" auf das Blatt zu malen. Den Kindern wird ein fertiges Beispiel mit verschiedenen Lösungen gezeigt. Zusätzlich werden mit den Kindern noch einige Beispiele mündlich gesammelt (vgl. zum Anlautbuch Metze/Sennlaub 1993).

Die Hausaufgaben sollen das Unterrichtsgeschehen fortführen (selbstständiges Üben, Übertragen des Gelernten auf andere Bereiche). Sie sollen auch so differenziert gestellt werden, dass jedes Kind die Aufgabe selbstständig bewältigen kann (ausschneiden, malen, keine Mengenvorgabe).

Reflexion

Nach der Arbeit mit der Bildkartei waren die Kinder in meiner Klasse in der Lage, die Hausaufgabe selbstständig zu bearbeiten. Wenn dies noch nicht erwartet werden kann, sollte man diese Aufgabe mit den Kindern in der Schule zuerst gemeinsam erarbeiten. Dazu bringt die Lehrerin Zeitungen mit, die Kinder schneiden sich „Anlautbilder" aus oder malen Wörter, die mit dem besprochenen Buchstaben beginnen.

Anlauttabelle

Einführung

Medien: Tageslichtschreiber, Folie von der Anlauttabelle/Anlautlineal, gelber Folienstift

Lehrerin zeigt am Tageslichtschreiber die Anlauttabelle. *Hier habt ihr alle Buchstaben auf einen Streich.*

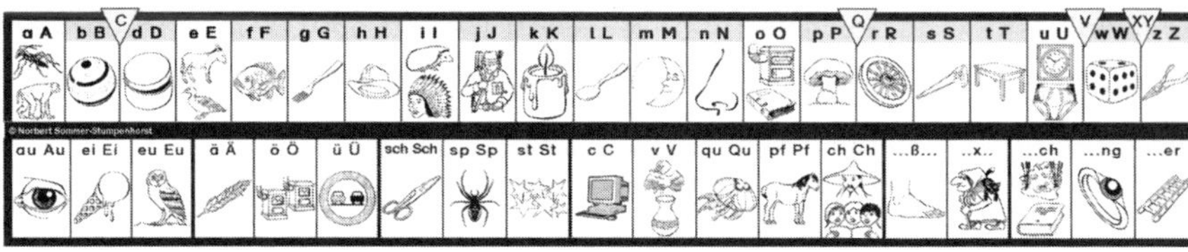

Leo: *Und wo ist das <l> wie Leo?*

Die Kinder helfen Leo, das „L" zu finden. Das Kind, das den Buchstaben gefunden hat, darf ihn mit dem Folienstift gelb markieren.

Lehrerin: *Das <l> ist ja noch leicht zu finden. Aber wie geht es denn jetzt mit deinem Namen weiter? L...e...o* (spricht gedehnt)? *L wie Löffel und dann?*

Die Kinder suchen die nächsten Buchstaben von Leos Namen und markieren die Buchstaben auf der Anlauttabelle am Tageslichtschreiber.

In dieser Unterrichtsstunde soll den Kindern das grundlegende Prinzip vermittelt werden, wie sie ein Wort in seine Lautbestandteile zerlegen können (gedehntes Sprechen) und wie sie den so isolierten Lauten die passenden Buchstaben zuordnen können. Dies muss den Kindern immer wieder gezeigt und mithilfe der Anlauttabelle geübt werden.

Ich verwende als Anlauttabelle ein von mir entwickeltes Anlautlineal (s. Literaturangabe). In der ersten Zeile sind die regelhaften Laut-Buchstaben-Zuordnungen (Basisgrapheme) aufgeführt. Die zweite Zeile enthält Besonderheiten. Damit kann das Anlautlineal auch für leistungsstarke Kinder differenziert genutzt werden.

Auf dem Anlautlineal sind die Kleinbuchstaben vor den Großbuchstaben[1] aufgeführt. Hierzu erkläre ich den Kindern: *Jeden Buchstaben gibt es in zwei verschiedenen Formen. In der Regel brauchen wir zum Schreiben den Kleinbuchstaben. Daher steht er auf dem Anlautlineal auch an erster*

[1] Die Textbeispiele der Kinder in diesem Buch entstanden in einer Zeit, in der noch mit dem Großbuchstaben begonnen wurde.

Stelle. Nur bei Namen (von Personen, Tieren, Dingen) nutzen wir für den Wortanfang den Großbuchstaben. Damit heben wir diese Wörter besonders hervor. Wenn ihr später Wörter schreibt, dann nehmt zunächst die Kleinbuchstaben. Wer will, kann bei Namen als ersten Buchstaben auch schon den Großbuchstaben verwenden. Diesen Hinweis, vorwiegend mit den Kleinbuchstaben zu arbeiten, wiederhole ich bei jeder sich bietenden Gelegenheit. Damit wird der Kleinbuchstabe von Beginn an als der Regelfall und der Großbuchstabe als Ausnahme vermittelt. Dies erleichtert es später, die Großschreibung der Nomen als Sonderfall einzuführen.

Erarbeitung

Medien: Für jedes Kind eine Anlauttabelle und einen gelben Buntstift

Jedes Kind erhält das Anlautlineal. Auf dieser Anlauttabelle suchen die Kinder die Buchstaben des Namens „Leo" noch einmal selbst und markieren diese mit einem gelben Folienstift. Danach markieren sie die Buchstaben ihres eigenen Namens mit einer anderen Farbe (rot). Dabei können sich die Kinder ihr Namensschild zu Hilfe nehmen.

Am Beispiel „Ente" (Tigerente) wird dies noch einmal am Tageslichtschreiber vorgemacht. Hierbei wird auch die unterschiedliche Lautung der Vokale angesprochen. Jedes Kind soll lernen, sich nach und nach auf der Anlauttabelle zu orientieren. Damit sich die Kinder hauptsächlich auf das Heraussuchen von Buchstaben konzentrieren können, werden die gefundenen Buchstaben nur markiert und noch nicht aufgeschrieben.

Integration

Medien: Folie von der Anlauttabelle mit falsch angemalten Buchstaben: Statt „Leo" ist der Name als „Lea" markiert

Der Klangstab beendet die Erarbeitungsphase.

Die Lehrerin zeigt den Kindern am Beispiel der Markierung von Leo noch einmal, wie sie sich mit der Anlauttabelle die Laut-Buchstaben-Zuordnung erschließen können. Die Kinder verbessern den Namen in Leos Anlauttabelle am Tageslichtschreiber.

Reflexion

Je nach Lernstand der Kinder kann am Tageslichtschreiber noch ein weiteres Wort (dies allerdings richtig) in Rot angemalt werden. Die Kinder haben dann die Möglichkeit, auch dieses Wort noch zu erlesen (z. B. der Name von Leos Freund: Ole).

Tägliche Orientierungsübungen auf der Anlauttabelle sind notwendig, damit die Kinder möglichst schnell den Umgang mit ihr lernen (s. S. 40 f.).

Hausaufgaben zum freien Schreiben habe ich anfangs (vor dem ersten Elternabend) vermieden, weil es immer wieder vorkommt, dass Eltern zu Hause die Texte der Kinder nach „Fehlern“ kontrollieren und korrigieren. Dadurch wird die natürliche Schreibmotivation der Kinder bereits zu Schulbeginn zerstört.

Weiterführung

Namen schreiben

An den folgenden Tagen wird die Übung mit der Anlauttabelle und die Hörübung mit den Bildkarten wiederholt und auf andere Buchstaben ausgedehnt, z. B.:

- Leo, Ela, Alo, Ole (Tobis, die auch gerade lesen und schreiben lernen)
- Mama, Papa, Opa, Oma (für die Kinder bedeutsame Wörter)
- Lea, Lale, Lola (Waldgeister/im Kunstunterricht werden die Waldgeister mit bunten Zuckerkreiden gemalt)
- Momo, Alma (Freunde der Tobis/Elche)
- Pepe, Palme (Pepe ist ein Pinguin, der auf einer Insel wohnt)

Natürlich können die Kinder auch andere Namen aussuchen und aufschreiben.

Die ***Vorgehensweise*** wurde möglichst gleichförmig gestaltet, damit sich bei den Kindern schnell eine Gewohnheit bilden konnte:

- In einer kurzen Geschichte eingebunden oder einem Bild als Ausgangspunkt wurde der Name genannt (z. B. „Lea“).
- Laut am Anfang benennen (<l>).
- Welches Bild in der Anlauttabelle fängt genauso an (Löffel)?
- Wie heißt der Buchstabe, der dazugehört („L“)?
- Den Buchstaben aufschreiben.
- Das Wort erneut sprechen („Lea“).
- Welchen Laut höre ich als Nächstes (<e>)?

usw.

Wörter ausdenken und aufschreiben

Sobald die Kinder die Technik des Abhörens eines Wortes beherrschten, fingen einige Kinder ganz von selbst an, eigene Wörter zu schreiben.

Um die Kinder zunächst vorgegebene, dann immer mehr eigene Wörter aufschreiben zu lassen, erzählte ich ihnen eine kleine Geschichte:

Leo hat bei seinen täglichen Rundflügen eine Flaschenpost entdeckt und mit in die Klasse gebracht. In der Flasche ist ein Brief. Er ist von Pepe, einem Pinguin, der auf einer kleinen Insel im Meer wohnt. Jeden Tag werden auf seiner Insel ganz erstaunliche Dinge angeschwemmt. Pepe weiß mit diesen Dingen gar nichts anzufangen. Er malt sie auf und fragt in dem Brief nach den Namen dieser Gegenstände. Die Kinder helfen Pepe, indem sie ihm die Gegenstände beschriften (Bild malen und Namen dazuschreiben).

Die Gegenstände, die auf der Insel landen, werden den Schwierigkeitsstufungen beim Abhören entsprechend eingebracht:

- ***Wörter mit Vokal/Dauerkonsonanten:*** Hose, Rose, Ofen, Sofa ...
- ***Wörter mit Plosiva am Wortanfang:*** Dose, Perle, Besen ...
- ***Wörter mit Buchstabenfolgen für einen Laut:*** Flasche, Seil, Buch ...

Damit bauten die Kinder alle Kompetenzen auf, die sie für andere Wörter brauchen. Die Kinder können sich auch selbst Wörter ausdenken: *Was könnte alles auf einer Insel angeschwemmt werden?*

Von hier zum Schreiben kleiner Briefe an Pepe, später an Leo, der Pepe besuchte und dann an die Tigerente, die auf einmal verschwunden war usw. ist es dann kein großer Schritt mehr (s. S.48 f.).

Nachdenken über die Hörübungen

Das saubere Sprechen und die Kompetenz, Laute heraushören und unterscheiden zu können, ist die wichtigste Grundlage für das Erlernen des Schreibens und Rechtschreibens. Aus diesem Grunde sollte den Hörübungen ganz besondere Aufmerksamkeit geschenkt werden.

Die Sortieraufgaben (Bildkartei) haben sich als besonders ertragreich erwiesen. Sie sollten später wiederholt und mit anderen Aufgaben weitergeführt werden (s. S. 118 ff.).

Bei der Einführung ist darauf zu achten, dass der Arbeitsablauf so lange mit den Kindern geübt wird, bis er zur Gewohnheit geworden ist. Dabei sollten die Arbeitsergebnisse am Anfang von der Lehrerin immer wieder kontrolliert werden. Damit wird sichergestellt, dass Kinder mit Schwierigkeiten frühzeitig erkannt und entsprechend unterstützt werden können.

Schreiben

Nachfahrbuchstaben

Einführung

Medien: Tageslichtschreiber, Folie eines Nachfahrbuchstabens, Folienstift

Gestern habt ihr geübt, das <l> zu hören. Heute lernt ihr, wie es geschrieben wird. Beim Schreiben ist es wichtig, dass ihr den Buchstaben möglichst oft hintereinander aufschreibt. Dann könnt ihr den Buchstaben nicht so schnell wieder vergessen. Man kann den Kinder auch erklären, dass man einen Buchstaben mindestens 30-mal nachfahren muss, damit man ihn nicht wieder vergisst.

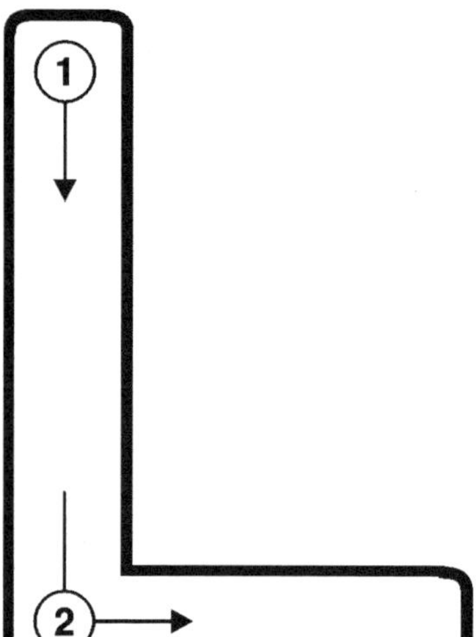

Der Nachfahrbuchstabe liegt als Folie auf dem Tageslichtschreiber. Die Lehrerin schreibt mit Folienstift den Buchstaben nach und spricht zur Schreibbewegung (Li – mo). Dann erklärt sie den Kindern die Schreibrichtungspfeile.

Den Kindern wird erklärt, dass es notwendig sei, die Schreibbewegung zu automatisieren, damit sie nicht bei jedem Buchstaben neu nachdenken müssen, wie er geschrieben wird. Indem die Kinder auf diese Weise über den Sinn einer Übung aufgeklärt werden, wird ihre ***Methodenkompetenz*** gefördert.

Natürlich ist das Automatisieren mühsam und anstrengend. Aber auch das gehört zum Lernen hinzu. Lernen soll Spaß machen. Aber manchmal ist Lernen auch anstrengend. Es ist wichtig, dies den Kindern von Anfang an zu vermitteln. Dadurch baut man ihre Anstrengungsbereitschaft auf, statt sie auf falsche Fährten (Lernen ist genauso wie Spielen) zu locken. Durch solche Erfolgsrückmeldungen wird die ***Lernmotivation*** der Kinder aufgebaut. Erfolg ist der Ertrag, den ***ich*** durch Üben erreicht habe.

Auch bei dieser Übung ist es wieder sinnvoll, direkt mit den Kindern einzuüben, wo sie die entsprechenden Arbeitsbögen finden (Schubladen oder Hängemappen). Ebenso wird das Aufräumen besprochen und eingeübt: Wo kommen die Sachen hin, die ich für die Arbeit gebraucht habe? Je mehr Aufmerksamkeit man am Anfang auf diese „Ritualisierungen" legt, desto weniger Arbeit hat man später.

Erarbeitung

Medien: Für jedes Kind ein Arbeitsblatt mit einem Nachfahrbuchstaben, ein Bleistift

Wenn jedes Kind das Blatt mit den Nachfahrbuchstaben vor sich liegen und einen Bleistift zur Hand hat, sollen die Kinder noch einmal die Gelegenheit haben, die richtige Schreibbewegung mitzuverfolgen. Die Lehrerin schreibt das „L" groß an die Tafel. Dabei werden die Kinder aufgefordert, entsprechend der Schreibbewegung ein Rhythmuswort (hier Li-mo) mitzusprechen.

Dann starten alle gemeinsam mit dem ersten Buchstaben. Darauf übt jedes Kind in Einzelarbeit die Schreibbewegung auf dem Arbeitsblatt.

Reflexion

Die Buchstaben werden den Kindern auf dem Arbeitsblatt in verschiedenen Größen angeboten. Zunächst sollen die Kinder eine Buchstabengröße herausfinden, die zu ihrer Hand passt. Die so herausgefundene Zeile wird dann bearbeitet. Dabei wird jeder Buchstabe mehrfach (fünf- bis zehnmal) in schnellen rhythmischen Bewegungen nachgefahren.

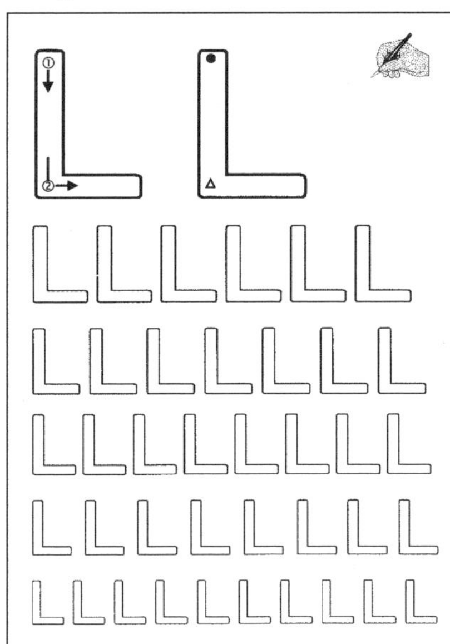

Das Schreiben der Buchstaben direkt in der richtigen Bewegungsfolge mit den Kindern einzuüben erwies sich später, bei der Einführung einer verbundenen Schrift, als großer Vorteil. Es ergaben sich nämlich kaum Schwierigkeiten dadurch, dass eine Bewegungsfolge „falsch" automatisiert war.

Die Automatisierung der einzelnen Buchstaben führte beim freien Schreiben zu einer deutlich höheren Schreibgeschwindigkeit und einer besseren Klarheit in der Schrift. An den freien Texten war oft deutlich zu erkennen, welche Buchstaben von den Kindern schon geübt worden waren und welche noch nicht.

Für die Kinder war es von Anfang an selbstverständlich, fünf- bis zehnmal über jeden einzelnen Nachfahrbuchstaben zu schreiben. Auch bei den anderen Buchstaben kam später nie Unmut darüber auf, dass diese Übung zu eintönig oder langweilig sei. Ich führe dies auf die Begründung der Übung und die Einsicht der Kinder zurück, dass es notwendig ist, jeden Buchstaben mehrfach zu schreiben, um ihn schließlich „wie im Schlaf" schreiben zu können.

Hausaufgabe

Als Hausaufgabe haben die Kinder das Arbeitsblatt mit nach Hause genommen und zu Ende bearbeitet. Kinder, die in der Stunde das Arbeitsblatt schon fertig bearbeitet hatten, haben die Buchstaben noch einmal mit einem Buntstift überschrieben.

Schönschreibheft

Einführung

Die Kinder sollen von Anfang an auf die Bedeutung des lesbaren Schreibens (Schönschreiben) aufmerksam gemacht werden, damit sie die Schreibbewegung der Buchstaben schnell möglichst formklar automatisieren und in einer einheitlichen Größe schreiben können. Dazu hat jedes Kind ein eigenes Schönschreibheft. Hierin kann es üben, lesbar und schön zu schreiben. Während die Nachfahrbuchstaben helfen, den Buchstaben automatisiert schreiben zu können, sollen sie im Schönschreibheft die Übung an einer Lineatur vertiefen. Zuerst schreiben die Kinder Buchstaben, später auch Wörter und ganze Sätze.

Sinnvoll ist es, mit einem Schönschreibheft mit großer Lineatur zu beginnen. Später werden den Kindern Hefte mit verschiedenen Lineaturen zur Auswahl gegeben. Die Kinder können selbst entscheiden, welche Lineatur zu ihnen passt.

So werden die Kinder dazu angeregt, ihre Arbeit zu reflektieren. Dabei erfahren sie, dass wir nicht alle gleich lernen, dass jeder anders lernt. Deshalb schreiben auch Erwachsene so unterschiedlich: Manche schreiben lieber mit Linien, manche lieber ohne, manche schreiben groß und manche klein, manche mit Bleistift und andere mit Füller usw. Gerade die Reflexion der Arbeit und das Hervorheben der Unterschiede im Erleben, Lernen und Arbeiten fördert bei den Kindern die Einsicht, dass es wichtig und richtig ist, auf diese Unterschiede differenziert einzugehen. Damit wird die Differenzierung vorbereitet und später von den Kindern als notwendig und selbstverständlich erlebt.

Reflexion

Ich habe mehrere Kinder mit starken motorischen Schwierigkeiten in der Klasse. Diese waren mir schon frühzeitig (beim Ausmalen, Bewegungsspiel, Sportunterricht) aufgefallen. Um bei diesen Kindern gar nicht erst Misserfolge beim Schreiben aufkommen zu lassen, habe ich schon frühzeitig diese besondere Schwierigkeit bei den Kindern angesprochen und mit ihnen gemeinsam nach einer Lösung gesucht. *Hilft es dir, wenn die Abstände größer sind? Solltest du vielleicht zunächst nur eine Linie nutzen?*

Ein Kind mit starken motorischen Störungen wird mit der Viererlineatur nur schwer zurechtkommen. Es ist daher wichtig, solche Kinder vorher ausfindig zu machen. Diese Kinder bekommen ein Schönschreibheft mit nur einer Linie als Orientierungshilfe (DIN-A4-Heft im Querformat mit großen Zwischenräumen). Auch muss darauf geachtet werden, dass diese Kinder viel mehr Übungen brauchen, um einen Buchstaben zu automatisieren.

Am besten ist es, man spricht mit diesen Kindern ihre Schwierigkeiten ganz offen an. Damit zeigt man, dass man ihr Problem (was den Kindern ja bewusst ist) erkannt hat und entsprechende Hilfen zur Bewältigung anbieten kann.

Es ist auch hilfreich, dies bei Gelegenheit mit der Klasse zu besprechen und die Unterschiedlichkeit der Kinder zu thematisieren (der eine braucht eine Brille, der andere nicht, der eine ist groß, der andere klein usw.). Hierdurch werden verschiedene Übungen (der eine braucht mehr Übungen, der andere weniger) und Hilfsmittel (der eine hat drei Linien, der andere nur eine) für die Kinder etwas Selbstverständliches.

In meiner Klasse konnten die meisten Kinder in die kleinere Lineatur im Schönschreibheft besser schreiben als in die große.

Außer dem Schönschreibheft hatten die Kinder zum Schreiben auch eine Tafel mit Lineatur. Ich war davon ausgegangen, dass vielfältige Übungen besser auf einer Tafel gemacht werden können, weil dies sparsamer ist (kann weggewischt und neu beschrieben werden). Meine Kinder sahen das nicht so und benutzten die bereitgestellten Tafeln recht wenig. Offensichtlich war für sie das sichtbare „Dokument“ (das hab ich schon alles gemacht!) als Rückmeldung über die geleistete Arbeit wichtig.

Weiterführung

Buchstaben zur Einführung

Nach dem Buchstaben „L“ habe ich mit der Klasse noch die Buchstaben „E“ und „O“, später auch noch „A“ eingeführt. Zunächst ergaben sich die Buchstaben aus dem Namen „Leo“, unserem Klassentier. Für die Entwicklung der Schreibbewegung haben sich diese Buchstaben als außerordentlich nützlich erwiesen. Sie enthalten nämlich die wichtigsten Grundelemente der Schreibbewegung für die Druckbuchstaben, die für andere Buchstaben genutzt werden können.

L: Bewegungsfolge aus senkrechtem und waagerechtem Strich
O: Kreis mit Linksdrehung (gegen den Uhrzeigersinn)
E: Senkrechter Strich – Neuansatz – waagerechte Striche
A: Bewegungsfolge mit Haltepunkt – schräg nach oben und nach unten

Die zugehörigen Kleinbuchstaben ergänzen diese Grundelemente:

e: Schlaufe mit einem Haltepunkt
a: offener Kreis mit Neuansatz

Für die Schreibbewegung fehlen dann nur noch die Bögen oben („m"), unten („u") und die Rundung im Uhrzeigersinn (z. B. „b", „p").

Bei der Einführung dieser Buchstaben im Klassenverband konnte ich beobachten, an welchen Stellen einzelne Kinder Schwierigkeiten hatten. Diesen Kindern konnte ich konkrete Hilfestellungen geben, die sie dann auch auf die anderen Buchstaben übertrugen. So wurde in meiner Klasse aus dem Zufall „L – e – o/L – e – a" eine durchaus sinnvolle Reihenfolge für die Einführung der Buchstaben. Danach konnte ich die Auswahl der zu übenden Buchstaben den Kindern selbst überlassen, da die Kinder zuvor schwierige Bewegungsfolgen geübt hatten.

Assoziation zwischen Groß- und Kleinbuchstaben

Damit die Kinder sofort eine Assoziation zwischen Großbuchstaben und Kleinbuchstaben bilden, ist es naheliegend, dass sie im Anschluss an den Kleinbuchstaben sofort den Großbuchstaben üben. Nur bei Kindern mit besonders starken motorischen Schwierigkeiten sollte man zunächst auf die Einführung der Großbuchstaben verzichten. Damit werden die Kinder zunächst nicht mit dem Üben von Buchstaben belastet, die selten vorkommen. Dafür können die Kinder doppelt so häufig die Kleinbuchstaben üben.

Druckschriftlehrgang

Auf einen Druckschriftlehrgang kann weitgehend verzichtet werden. Bei Kindern mit guter motorischer Koordination kann später ein Heft mit zwei oder vier Linien angeschafft werden. In dieses Heft kann dann eine Seite mit den Buchstaben in der Lineatur eingeklebt werden. Hier können die Kinder dann nachschauen, „wo der Buchstabe wohnt".

Automatisieren der Schreibbewegung für die einzelnen Buchstaben

Die Kinder sollen nach und nach dazu befähigt werden, sich die Buchstaben möglichst eigenständig zu erarbeiten. An zwei oder drei Buchstaben wird mit den Kindern eingeübt, wo sie die Materialien für diese Schreibübung finden können. Dabei gilt die Regel: erst die Nachfahrbuchstaben und dann erst das Schönschreibheft. In welcher Reihenfolge die Buchstaben von dem einzelnen Kind geübt werden, bestimmen die Kinder selbst (s. S. 32 ff.).

Für das Automatisieren der Schreibbewegung bieten sich folgende Arbeitsschritte an:

- Nachfahrbuchstabe schreiben
- erst danach im Schönschreibheft den Buchstaben auf einer Seite schreiben
- nach dem Kleinbuchstaben immer direkt den jeweiligen Großbuchstaben automatisieren
- feste Hausaufgabe: zu Hause die Schreibbewegung weiter automatisieren. Hierzu können die Kinder ihr Schönschreibheft nutzen oder eine Karte mit dem Nachfahrbuchstaben mitnehmen.

Reflexion

In meiner Klasse nutzten viele Kinder nach einiger Zeit die Nachfahrbuchstaben nicht mehr. Sie schauten sofort im Druckschriftlehrgang nach, wo der jeweilige Buchstabe „wohnt" und wie die Schreibrichtung verläuft, und konzentrierten ihr Üben mehr auf das Schreibheft. Einige Kinder vernachlässigten dann die Nachfahrbuchstaben, was ich bei den meisten toleriert habe. Nur bei den Kindern mit motorischen Schwierigkeiten habe ich darauf geachtet, dass sie die Übungen mit den Nachfahrbuchstaben machten. Allerdings war dies auch kein großes Problem, da sie von sich aus diese Übung eher aufgriffen als die Übungen in den Schönschreibheften.

Ich ging hierbei davon aus, dass es genüge, wenn die Kinder die Buchstaben bewegungsrichtig und eindeutig schreiben konnten. Dies zeigte sich auch bei den frei geschriebenen Texten, die lesbar und formklar waren.

Im Nachhinein hat sich diese Toleranz jedoch nicht bewährt. Als ich nach Ostern bei einigen Kindern mit der Einführung der verbundenen Schrift begann, zeigte sich, dass die Kinder zwar die Schreibrichtung beherrschten, die Schreibbewegung jedoch keineswegs automatisiert war. Die „Nachlässigkeit" im Anfangsunterricht führte dazu, dass die Kinder viele Übungen für die verbundene Schrift benötigten.

Nachdenken über die Schreibübungen

Das Schönschreibheft hat unter den an der Erprobung beteiligten Kolleginnen viele Diskussionen ausgelöst. Einige Kolleginnen haben es ganz weggelassen, andere erst später eingeführt.

Das Schreiben in der Viererlineatur erfordert ein hohes Maß an Konzentration. Dies führt dazu, dass durch das Schönschreibheft die Automatisierung der Schreibbewegung erschwert, wenn nicht gar verhindert wird. Andererseits erscheint es wichtig, den Kindern über die Nachfahrbuchstaben hinaus auch eine Orientierung an der Schreiblinie zu geben. Diese Orientierungshilfe verbessert vor allen Dingen die Lesbarkeit der Schülertexte bei frei geschriebenen Texten.

Nach Auswertung aller Erfahrungen würde ich bei einem erneuten Durchgang so vorgehen:

- Zunächst werden die Nachfahrbuchstaben eingeführt.
- Das Schönschreibheft wird erst eingeführt, wenn die Kinder schon einige Nachfahrbuchstaben bearbeitet haben (also erst nach ca. zwei bis drei Wochen Unterricht).
- Es wird für alle Kinder ein Schönschreibheft mit einer Linie (Schreibheft mit großem Linienabstand DIN A4 quer) angeschafft.
- Das Schreiben des Buchstabens im Schönschreibheft erfolgt erst dann, wenn die Arbeitsbögen mit den Nachfahrbuchstaben bearbeitet wurden, also eine hinreichende Automatisierung schon gegeben ist. Das Protokollfeld für die Übung im Schönschreibheft wurde im Hör-, Schreib- und Sehpass dementsprechend gestaltet.
- Die Kopiervorlagen für freie Texte werden vorher (sofern dies nicht störend ist) mit einer Lineatur versehen. Hierauf können die Kinder ihre eigenen Texte schreiben (s. die Textbeispiele zur Geschichte „Die kleine Maus sucht einen Freund“, S. 62). Allerdings wird man dies nicht durchgängig machen können, da eine vorgegebene Lineatur bei manchen Aufgabestellungen die Kreativität beim Schreiben eher einschränken würde.
- Später wird den Kindern freigestellt, ob sie ein Schönschreibheft mit einer, mit zwei oder vier Linien nutzen wollen.

Sehen

Visuelle Differenzierung

Einführung

Medien: Symbolkarten (Hand, Ohr, Auge), Übungskarte für visuelle Differenzierung zur Demonstration

Die Kinder haben das <l> mit dem Ohr hören und mit der Hand schreiben geübt. Anhand der Symbolkarten können die Kinder die fehlende Übung leicht ausfindig machen.

Aufgabenstellung: *Suche alle Buchstaben, die genauso aussehen wie das „L". Fange oben an und gehe jede Zeile durch. Lass dir dabei Zeit, damit du kein „L" übersiehst. Wenn du ein „L" gefunden hast, sprich <l> und streiche den Buchstaben durch.*

L

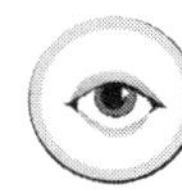

F G H D L C K J I E P Q L R N V M U T S O Ü A L B Ä L F Z E D

C Ö X Y Z V A U Ü Ö Ä W Y Z Ä W B V A Ü Ö X I J K G O F L N

L H J K L H L P G O N M I Ö Ä Ü S T U Q Y P X W V R H I J F N

M L K G Z L Ä Ö X C W B A Ü Y T U V R Z Q Y X W S Ö Ü A Z E

Y D L C B Ä D E F B J A I H G L C O P L Q M U L T S R N Ä L Ö

Ü Y D X C B A Z E F G L C K B J I H D Q R S O W N V U T P R

Reflexion

Ich habe mit den Kindern nach vier Wochen einen Prüfbogen zur visuellen Differenzierung (s. S. 125) durchgeführt. Dabei hatten nur zwei Kinder in meiner Klasse mehr als vier Fehler. Im Prinzip wären also die Übungen zur visuellen Differenzierung nicht notwendig gewesen. Dennoch habe ich sie eingeführt, um auf alle Bereiche (Sehen, Hören und Schreiben) aufmerksam zu machen.

Erarbeitung

Medien: Für jedes Kind eine Aufgabenkarte „L“ und einen Folienstift

Jedes Kind bekommt eine Aufgabenkarte zur visuellen Differenzierung des Buchstabens „L“.

Den Kindern wird gezeigt, wie sie mit der Lösungsfolie selbst kontrollieren können, ob sie die Aufgabe richtig gelöst haben. Damit soll die eigene Verantwortung für das Lernen gestärkt werden. Gelingt es, diese Eigenverantwortung für das Lernen aufzubauen, so werden extrinsische Motivationen überflüssig. Dies ist eine wichtige Voraussetzung dafür, dass die Kinder differenziert, also ihrem Lernstand entsprechend und in ihrem individuellen Lerntempo, arbeiten können.

Integration

Die Lehrerin fragt die Kinder, wie sie mit der Übung zurechtgekommen sind: *Was war leicht, wo gab es Schwierigkeiten?*

Die Kinder werden bei jeder neuen Methode zur Reflexion angeregt. Die Übungen zur visuellen Differenzierung eignen sich besonders gut dazu, den Unterschied zwischen „etwas richtig machen“ und „etwas können oder beherrschen“ zu besprechen. Im Prinzip reicht es nicht, alle 20 richtigen Buchstaben auf der Aufgabenkarte zu finden. „Können“ bedeutet, alle Buchstaben auf Anhieb und direkt bei der ersten Bearbeitung herauszufinden. Damit wird auch den leistungsstarken Kindern ein Anreiz gegeben, ihre Kompetenz zu verbessern.

Hausaufgabe

Zur Übung der visuellen Differenzierung gab es keine Hausaufgabe. Da in der Regel die Kinder in diesem Bereich keine besonderen Schwierigkeiten haben, ist dies auch nicht notwendig. Man sollte die Kinder grundsätzlich nicht mehr üben lassen als nötig!

Weiterführung

Die Arbeitsbögen zur visuellen Differenzierung eines jeden einzelnen Buchstabens reichen meist aus. Zusätzliche Übungen sind in der Regel nicht notwendig. So war es auch in meiner Klasse, wie der Prüfbogen zur visuellen Differenzierung (s. S. 125 f.) zeigte.

Es gab einige Kinder in der Klasse, die zunächst Schwierigkeiten in der Raum-Lage hatten. Sie schrieben einige Buchstaben spiegelverkehrt. Ich habe mir diese Kinder notiert und hin und wieder überprüft, inwieweit sich diese Schwierigkeiten von selbst erledigten. Bei den meisten Kindern verschwand dieses Phänomen bis zu den Herbstferien ganz von selbst. Besonders die Übungen mit den Nachfahrbuchstaben (Automatisierung der Schreibbewegung und damit zugleich auch der Schreibrichtung) halfen den Kindern, die richtige Raum-Lage eines Buchstabens zu berücksichtigen.

Bei zwei Kindern zeigten sich anhaltende Schwierigkeiten bei der Unterscheidung von „d“ und „b“. Ihnen kopierte ich einen Daumen, der auf ihr Pult geklebt und in ihr Federmäppchen gelegt wurde. Eine dritte Kopie erhielten sie für zu Hause. *Schau, diese beiden Buchstaben sind für dich ganz schwer zu unterscheiden. Ich habe für dich eine Karte kopiert, die dir helfen soll, den richtigen Buchstaben zu finden. Hier auf dem Bild ist ein „Daumen“. Kannst du heraushören, wie das Wort am Anfang klingt? – Ja, richtig, da hörst du ein <d>. Daumen fängt also mit „d“ an. Nun schau dir einmal deinen Daumen an.* (Dem Kind zeigen, wie es die rechte Hand halten muss.) *Siehst du, da zeigt die dicke Faust in diese* (zeigen, z. B. zur Tür, zum Fenster) *Richtung. Und genauso ist es auch mit dem „d“. Da zeigt der Bauch auch in diese Richtung* (wieder zeigen). *Also, wenn du nicht weißt, wie das <d> geschrieben wird: Schau auf deinen Daumen!* Wichtig ist hier, dass das Kind nur bei Falschschreibungen des Buchstabens „d“ korrigiert wird: *Schau dir den Buchstaben an, den du geschrieben hast. Schau auf deinen Daumen. Sieht das gleich aus?* Verschreibungen beim „b“ werden völlig ignoriert. Die richtige Schreibung ergibt sich hier später ganz von selbst.

Nachdenken über die Differenzierungsübungen

Wie sich die Stärkung der Methodenkompetenz auf das Lernen der Kinder auswirkt, konnte an den Übungen zur visuellen Differenzierung gut beobachtet werden. Schon nach kurzer Zeit fingen einige Kinder an, bei der Bearbeitung der Buchstaben (hören, schreiben, sehen) die Differenzierungsübungen zu vernachlässigen. Sie konzentrierten sich auf die Hör- und Schreibübungen. Sie hatten von selbst gemerkt, welche Übungen ihnen einen Lerngewinn brachten und welche nicht.

Dies war jedoch nicht durchgängig und bei allen Kindern der Fall. Auffallend war, dass besonders die leistungsschwachen Kinder in der Klasse die Übungen zur visuellen Differenzierung für jeden Buchstaben neu (und meist als erste Übung bei einem neuen Buchstaben) machten. Da diesen Kindern die Hör- und Schreibübungen besonders schwer fielen, nutzten sie die Sehübung dazu, zunächst einmal eine positive Lernerfahrung mit jedem Buchstaben zu machen („das kann ich schon“). Diese Erfahrung half ihnen offensichtlich, sich auch den schwierigeren Übungen des Buchstabens (hören, schreiben) zu stellen.

Aus dieser Erfahrung heraus würde ich die Übungen zur visuellen Differenzierung immer wieder mit der ganzen Klasse einführen. Allerdings sollte man (insbesondere bei den leistungsstarken Kindern) nicht darauf bestehen, dass diese Übung später auch mit jedem Buchstaben gemacht werden muss. Die Hör-, Schreib- und Sehübungen sollen kein zu absolvierendes Pflichtprogramm sein, sondern zu einer Kompetenzerweiterung führen.

Übersicht über die ersten Schultage

Direkt in den ersten Schulwochen habe ich die Grundübungen für die Buchstaben mit den Kindern eingeübt. Dabei wurden jeden Tag die bekannten Übungen wiederholt und eine neue Übung eingeführt. Hierfür habe ich eine feste tägliche Trainingsstunde (zunächst 20 Minuten, später 30 Minuten) im Tagesverlauf eingeplant.

1. Tag: Das Ziel festlegen
„Ich möchte lesen, schreiben und rechnen lernen."

2. Tag: Was brauche ich, um alles schreiben zu können?
Hören – Schreiben – Sehen
Laute heraushören: Sortierübung

3. Tag: Wie finde ich zum Laut den passenden Buchstaben?
Anlauttabelle: Namen schreiben

4. Tag: Wie kann ich lernen, die Buchstaben richtig zu schreiben?
Buchstaben automatisieren: Nachfahrbuchstaben

5. Tag: Buchstaben sehen verschieden aus.
Buchstaben unterscheiden: Aufgabenkarten visuelle Differenzierung

Anschließend:

- Wiederholung der Übungen an einem zweiten (und dritten) Buchstaben
  Nach der Einführung der Grundübungen standen den Kindern die Materialien für die ersten Buchstaben, die im Klassenverband eingeführt wurden, in Lernstationen (Körbchen mit den entsprechenden Materialien) zur Verfügung.
- Weiterführende Übungen mit der Anlauttabelle
- Eigene Wörter mithilfe der Anlauttabelle verschriften
  Beispiele: „Das Lama spuckt" (s. S. 45 f.) oder „Flaschenpost von Pepe" (s. S. 48 f.)

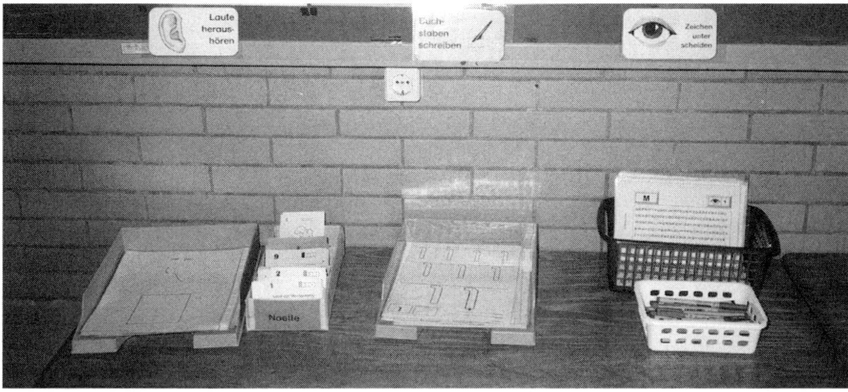

In den ersten Tagen wurde jede Trainingsstunde mit einem Unterrichtsgespräch abgeschlossen, um den Kindern Gelegenheit zu geben, Schwierigkeiten zu formulieren und zu bewältigen.

- Schreiben macht nur einen Sinn, wenn es gelesen werden kann. Buchstaben schreiben: Schönschreibheft
- Selbstständigkeit und Methodenkompetenz fördern. Einführung des Hör-, Schreib- und Sehpasses

Die Kinder konnten sich nach der Einführung des Hör-, Schreib- und Sehpasses (s. S. 32 ff.) in Übungen selbst aussuchen, welche Buchstaben sie bearbeiten wollten.

2 Öffnung des Unterrichts – Selbstständig und eigenverantwortlich arbeiten

Nachdem die einzelnen Übungen zum Hören, Schreiben und Sehen im Klassenverband an einem Buchstaben eingeführt worden sind, werden die Übungen noch an zwei bis drei weiteren Buchstaben gefestigt. Dabei kommt es darauf an, dass die Kinder die Ordnung der Laute und Buchstaben zugleich als eine Ordnung ihrer Übungen verstehen. Der Hör-, Schreib- und Sehpass ist hierbei eine wichtige Orientierungshilfe, sowohl für die Kinder (was habe ich schon gemacht, was muss ich noch machen) als auch für die Lehrerin (wo stehen die Kinder).

Einführung des Hör-, Schreib- und Sehpasses

Einführung

Medien: Tageslichtschreiber, Folie von der „L-Seite“ aus dem Hör-, Schreib- und Sehpass, für jedes Kind einen Hör-, Schreib- und Sehpass

Die Kinder haben nun an einem Buchstaben geübt, was man alles können muss:

Hören: Sie müssen die Laute heraushören können.
Sehen: Sie müssen den Buchstaben von anderen unterscheiden können.
Schreiben: Sie müssen ihn schreiben können.

Im Hör-, Schreib- und Sehpass sind alle Buchstaben und alle Übungen aufgeführt. Hier tragen die Kinder ein, welche Übung sie schon gemacht haben und haben so eine Überblick.

Nachdem die Kinder alle den Buchstaben „L“ bearbeitet haben, wird ihnen gezeigt, wie sie ihre Übungen in den Hör-, Schreib- und Sehpass eintragen können.

Mithilfe des Passes sollen die Kinder angeleitet werden, von Anfang an über ihre Arbeit Protokoll zu führen.

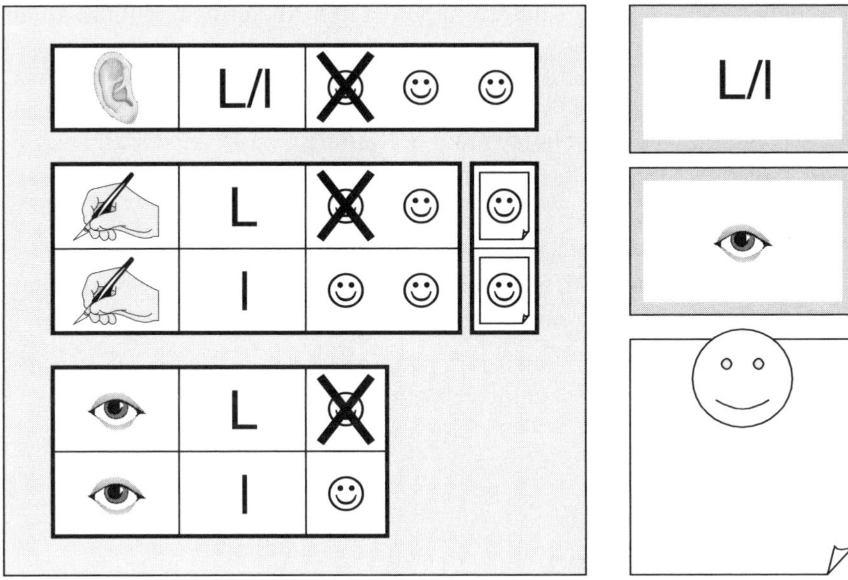

So strukturieren die Kinder ihren Lernprozess und verschaffen sich immer wieder einen Überblick über ihre Arbeit. Für das selbstständige Arbeiten ist das eine notwendige Voraussetzung.

Wenn die Kinder später mit allen Buchstaben arbeiten, kann ihnen auch erklärt werden, wie sie das Anlautlineal nutzen können, um den Buchstaben im Hör-, Schreib- und Sehpass schnell zu finden. Damit prägen sich die Kinder von Beginn an die Ordnung der Laute in unserem Alphabet ein.

Erarbeitung

Medien: Für jedes Kind die Materialien für die Hör-, Schreib- und Sehübung

Bei der Erarbeitung des zweiten Buchstabens (ich habe hier das „O“ genommen) werden die einzelnen Übungen (s. S. 11 ff.) mit den Kindern noch einmal Schritt für Schritt besprochen und eingeübt. Am Ende der Übungsstunde wird die Übung gemeinsam in den Hör-, Schreib- und Sehpass eingetragen.

Reflexion

Bis auf wenige Kinder hatten alle nach einem dritten Durchgang den Ablauf der Übungen verstanden und konnten die nächsten Übungen selbstständig bearbeiten. Mit wenigen Kindern habe ich den Ablauf noch einmal an einem weiteren Buchstaben geübt.

Die Zeit, die man braucht, bis die Kinder den Ablauf automatisiert haben, wird von Klasse zu Klasse verschieden sein. Wichtig erscheint mir, die gesamte Übungsstruktur so lange mit den Kindern immer wieder zu besprechen, bis

- die ***Übungsfolge:*** erst hören, dann schreiben, dann sehen
- die ***Organisation:*** wo finde ich die Materialien für die Übungen und
- das ***Protokollieren:*** wo muss ich was im Hör-, Schreib- und Sehpass eintragen

von den Kindern beherrscht wird. Der Aufwand, der zu Beginn für diese Ritualisierung benötigt wird, zahlt sich schnell aus. Für die Kinder ist es eine Erleichterung zu wissen, was sie machen sollen, und die Lehrerin erspart sich viele Erklärungen und Hilfen.

Übungsmaterialien

Materialauswahl

Weitgehend selbstständig und eigenverantwortlich können Kinder dann arbeiten, wenn sie das Übungsziel kennen und wissen, wie sie dieses Ziel erreichen können. Das Ziel (richtig schreiben können) und der Weg (alle Buchstaben schreiben, unterscheiden und die Laute heraushören können) ist den Kindern am Schulanfang leicht verständlich zu machen.

Zum selbstständigen und eigenverantwortlichen Arbeiten gehört aber auch Methodenkompetenz. Die Kinder sollen lernen, mit welchen Übungen sie das angestrebte Ziel erreichen können. Wir brauchen daher Übungen,

- die auf ein konkretes Ziel hin ausgerichtet sind (Laute unterscheiden usw.),
- die eine direkte Selbstkontrolle ermöglichen und
- die nicht immer wieder neue „Durchführungsanweisungen“ brauchen, um von den Kindern bearbeitet werden zu können.

Über Lernkontrollen sollten wir den Wert verschiedener Übungen (was leisten sie) immer wieder kontrollieren.

Reflexion

Aus den vielen Übungen, die von Verlagen angeboten werden, jene auszuwählen, mit denen das angestrebte Ziel zu erreichen ist, schien mir aus zwei

Gründen schwierig: Einerseits sind die meisten Materialien an die Schrittfolge einer Fibel gebunden und damit nur wenig für ein differenziertes Arbeiten geeignet. Andererseits brauchen viele Übungsmaterialien immer wieder neue Erklärungen, weil die Übungen von Arbeitsblatt zu Arbeitsblatt variieren.

Die in der ersten Klasse verwendeten Übungsmaterialien (s. Literaturhinweis) mögen auf den ersten Blick recht eintönig aussehen. In jedem Bereich (Hören, Schreiben, Sehen) wird nur jeweils eine Übung angeboten. In meiner Klasse zeigte sich jedoch, dass dies für die Entwicklung der Selbstständigkeit der Kinder von großem Vorteil war und bis zum Schluss keine „Ermüdungserscheinungen" auftraten.

Ordnung der Materialien

Eine wichtige Bedingung für differenziertes selbstständiges Arbeiten ist es, dass die Kinder wissen, wo sie die benötigten Übungsmaterialien finden können. Denkbar sind Hängemappen für die einzelnen Übungen und eine Differenzierung in Hör-, Schreib- und Sehübungen. In meiner Klasse verwendete ich Schubfächer für jeden einzelnen Buchstaben. In jedem Fach waren in dreifacher Ausfertigung:

- Sortiervorlagen für die Lautübungen
  Die Sortiervorlagen habe ich auf farbiges gelbes Papier kopiert und laminiert.
- Übungsblätter mit den Nachfahrbuchstaben
  Auch diese Übungsblätter habe ich in eine Klarsichtfolie gesteckt. Damit konnte die Kopiervorlage immer wieder verwendet werden. Auf der Vorderseite war die Übung zum Großbuchstaben und auf der Rückseite die Übung zum Kleinbuchstaben. Die Kinder machen die Übung mit einem Folienstift (Whiteboard-Stift). Hier muss darauf geachtet werden, dass die Kinder beim Aufräumen die Folien wieder sauberwischen.
- Aufgabenkarten für die visuelle Differenzierungsübung
  Auch diese Arbeitsblätter habe ich in Folienhüllen gesteckt und von den Kindern mit einem Folienstift bearbeiten lassen. Das Lösungsblatt habe ich auf Folie kopiert.
- Bildkarten für die Lautübungen
  Zusätzlich habe ich jedem Kind Bildkarten in einem Karteikasten für die Lautübungen bereitgestellt. Die Bildkarten waren in fünf Päckchen sortiert. Jedes Päckchen kann für mehrere Laute genutzt werden. Um den Materialaufwand zu reduzieren, kann man auch eine Bildkartei (für jede Tischgruppe einen Kartensatz) anfertigen. Damit die Kartensätze für die

Tischgruppen nicht durcheinandergeraten, sollte man die Tischgruppensätze mit unterschiedlichen Farbpunkten versehen.

- Weiterhin hatte jedes Kind eine Hängemappe, in welcher der Hör-, Schreib- und Sehpass sowie die Schreibhefte und ein Bleistift abgelegt wurden.

Reflexion

Die Sortierung in Schubfächer hat sich bei mir bewährt. Da die Kinder schon nach kurzer Zeit an sehr unterschiedlichen Buchstaben arbeiteten (s. S. 38 f.), gab es auch bald keine Überschneidungen und kein „Gerangel" vor den Materialkästen mehr. Für die Einführung war es jedoch wichtig, die Materialien (Sortiertafel, Nachfahrbuchstabe, Differenzierungsbogen) für zwei bis drei Buchstaben für jedes Kind bereitzuhalten. An diesen gemeinsamen Buchstaben konnten die Vorgehensweise und die einzelnen Arbeitsschritte eingeübt und automatisiert werden.

Übungsstunde

Von Beginn an habe ich eine feste Zeit in der Stundentafel als Trainingsstunde ausgewiesen (zunächst 20 Minuten, später 30 Minuten). Die Festlegung, jeden Tag zu einer bestimmten Zeit mit den Materialien zum Hör-, Schreib- und Sehpass zu arbeiten, führte dazu, dass der Ablauf in der Stunde schnell zur Gewohnheit wurde. Schon nach zwei, drei Wochen brauchte zum Training kaum noch etwas erklärt zu werden. Die Kinder fingen selbstständig an zu arbeiten, sobald die Stunde begann.

Der ***Ablauf*** der Trainingsstunden wird von mir immer gleich gehalten, um möglichst schnell Gewohnheiten zu bilden:

1. Die Kinder holen sich ihren Hör-, Schreib- und Sehpass, ihr Schreibheft und einen Bleistift. Alle anderen Materialien werden von den Tischen weggeräumt.

2. Jedes Kind entscheidet für sich, womit es in der Trainingsstunde arbeiten will und holt sich die benötigten Materialien aus den Buchstabenschubladen.

3. Die Übungen werden durchgeführt. Ist ein Kind mit einer Übung fertig, trägt es die Arbeit in den Hör-, Schreib- und Sehpass ein und holt sich eine andere Übung.
4. Fünf Minuten vor Ende der Trainingsstunde gebe ich ein akustisches Signal (Klangstab). Die Kinder beenden ihre Arbeit und tragen in den Hör-, Schreib- und Sehpass ein, was sie gemacht haben.
5. Die Materialien werden aufgeräumt.
6. Die Stunde wird mit einer kurzen gemeinsamen Gesprächsrunde abgeschlossen.

Um zu Beginn der Trainingsstunde nicht allzu viel Zeit zu verlieren, ist es hilfreich, das Aufräumen am Ende der Stunde mit den Kindern so lange zu üben, bis es zur Gewohnheit geworden ist. Hierauf sollte man bei der Einführung und Wiederholung der einzelnen Übungen viel Zeit verwenden und darauf achten, dass die Materialien immer geordnet zurückgelegt werden. Zum ***Aufräumen*** gehört:

- Bildkarten: Bildkarten so zusammenlegen, dass die Zahl immer oben rechts ist.
- Nachfahrbuchstaben und Aufgabenkarten zur visuellen Differenzierung: benutzte Karten sauberwischen. Hierfür mehrere feuchte und trockene Tücher bereitlegen.
- Bleistift: Die Kinder spitzen ihren Bleistift am Ende der Stunde. Damit haben sie immer brauchbares Arbeitsgerät in ihrer Mappe.

Das Aufräumen mag auf den ersten Blick sehr rigide erscheinen. Es ist für die Kinder (und die Lehrerin) aber auf Dauer eine große Hilfe. Die Kinder sorgen am Ende der Unterrichtsstunde dafür, dass alles so weggepackt wird, dass sie in der nächsten Trainingsstunde sofort anfangen können. Damit wird erreicht, dass jedes Kind für die von ihm genutzten Materialien verantwortlich ist.

Das „Durcheinander“, das beim Aufräumen gar nicht auszuschließen ist, fällt zudem ans Ende der Stunde, wenn die Konzentration der Kinder nachlässt. Wenn erst zu Beginn der Stunde die benötigten Materialien zusammengesucht werden müssen, entsteht das „Durcheinander“ in einer Zeit, in der die Kinder sich gut konzentrieren können, und wertvolle Zeit wird verschenkt. Auch ist es dann immer doppelt schwierig, die entstandene Unruhe wieder abzubauen.

Anfangs ist die abschließende Gesprächsrunde wichtig, um den Kindern Gelegenheit zu geben, Schwierigkeiten zu klären. Darüber kann die Lehrerin erfahren, was geändert werden muss oder verbessert werden kann. Alle Kinder profitieren davon, wenn Schwierigkeiten beschrieben und Lösungen vorgeschlagen werden.

In den ersten Tagen wollen natürlich alle Kinder erzählen, was sie alles gemacht haben. Mit der Zeit wird dies jedoch unwichtig. Der gemeinsame Abschluss des Trainings hat später vor allen Dingen organisatorische Vorteile. Alle gemeinsam sorgen dafür, dass möglichst zügig aufgeräumt und die Stunde beendet wird.

Differenzierte Trainingsstunden

In den ersten Tagen werden die grundlegenden Übungen mit der ganzen Klasse eingeübt. Hierbei ist es hilfreich, für jedes einzelne Kind die benötigten Materialien zur Verfügung zu haben.

Im Klassenverband

Einführung der verschiedenen Übungen an einem Buchstaben

↓

Automatisierung des Arbeitsablaufes für jede einzelne Übung
(Hör-, Schreib- und Sehübung)

↓

Automatisierung der Übungsfolge an weiteren Buchstaben
(Bei jedem neuen Buchstaben: erst Laute heraushören,
dann Buchstaben schreiben, dann Zeichen unterscheiden)

↓

Einführung des Hör-, Schreib- und Sehpasses

Sobald den Kindern die Übungsfolge Hören – Schreiben – Sehen geläufig ist und sie mithilfe des Hör-, Schreib- und Sehpasses ihre Arbeit weitgehend selbstständig strukturieren können, ist es sinnvoll, die Kinder im differen-

Schrittweise Öffnung des Unterrichts

Buchstabenstationen (Kinder wählen die Übung selbst aus.)

↓

Buchstabenschubladen
Alle Buchstaben werden zur Verfügung gestellt.
(Kinder wählen selbst aus, welchen Buchstaben sie bearbeiten. Kinder entscheiden über die Übungsfolge und lassen wenig effektive Übungen – visuelle Differenzierung – weg.)

↓

Weitere Übungen werden in die Trainingsstunde mit einbezogen.
(Leseübungen, Abschreibübungen, Lernkartei, Rechenübungen)

↓

Weitere Fächer werden in die Trainingsstunde mit einbezogen.
(Sachtexte lesen, Rechenübungen)

zierten Unterricht entsprechend ihrem individuellen Lernstand und ihrem individuellen Lerntempo möglichst eigenständig weiterarbeiten zu lassen.

Die Notwendigkeit zur Differenzierung ergibt sich meist schon nach wenigen Trainingsstunden aus dem unterschiedlichen Arbeitstempo der Kinder. Die Einführung der Buchstabenschubladen stellt den Kindern dann die gesamte Breite der Übungen zur Verfügung. Von nun an werden auch nicht mehr alle Materialien für jedes Kind benötigt. Nach meiner Erfahrung reicht es aus, für jeweils sechs bis zehn Kinder einen Materialsatz in der Buchstabenschublade vorrätig zu haben. Aus der begrenzten Anzahl der Materialien für jeden Buchstaben ergibt sich dann auch gleichzeitig, dass die Kinder an sehr unterschiedlichen Buchstaben und in verschiedenen Lernbereichen üben.

Das unterschiedliche Lern- und Arbeitstempo der Kinder hat zur Folge, dass sie zu unterschiedlichen Zeiten die Übungen im Hör-, Schreib- und Sehpass abgeschlossen haben. Diese Kinder werden zusammengefasst. In einer Trainingsstunde werden ihnen weitere Übungen erklärt und der Rechtschreibpass als neues Protokollheft gegeben.

Die Kinder, die im Hör-, Schreib- und Sehpass alle Übungen bearbeitet haben, können mit den Bildkarten (s. S. 118 ff.) das Heraushören von Lauten noch differenzierter lernen. Außerdem können sie lesen (s. S. 69 ff.), eigene Texte schreiben (s. S. 41 ff.) oder kurze lauttreue Texte abschreiben üben (s. S. 89 ff.).

3 Schreiben lernen – Schreiben als Kommunikationsform in den Mittelpunkt stellen

Orientierungsübungen auf der Anlauttabelle

Über die Anlauttabelle wird den Kindern das erste grundlegende Prinzip unserer Schriftsprache, die Zuordnung von Lauten und Buchstaben, vermittelt. Indem die Kinder ihre eigene Sprache auf die Lautbestandteile des gesprochenen Wortes hin abhören, lernen sie zudem die Einzellaute eines Wortes aus dem gesprochenen Klangkontinuum zu isolieren.

Dies ist für Kinder, die noch keine Buchstabenrepräsentanz gespeichert haben, eine ganz besondere Schwierigkeit. Daher sind tägliche Orientierungsübungen auf der Anlauttabelle notwendig. Die Kinder lernen auf diese Weise, sich mithilfe der Anlauttabelle die Laut-Buchstaben-Zuordnung unserer Schriftsprache selbst zu erschließen. Für diese Übungen benötigt jedes Kind seine eigene Anlauttabelle, die es jederzeit – also auch zu Hause – zur Verfügung hat.

Es gibt eine Vielzahl von Übungen, die Kinder immer wieder in die Benutzung der Anlauttabelle einführen. Als ***erste Orientierungsübungen*** können verwendet werden:

- Ein stark vergrößertes Anlautlineal wird in der Klasse aufgehängt. Hieran kann man die Kinder täglich bestimmte Buchstaben suchen lassen.
- Ebenso vorteilhaft ist es, die Anlauttabelle auf eine Overheadfolie zu kopieren. Ein Wort wird genannt, und die Kinder zeigen das dazugehörige Anlautbild am Tageslichtschreiber.
- Mit der Anlauttabelle als Folie kann man auf dem Tageslichtschreiber auch Wörter „diktieren“. Mit einem Pappfenster werden nacheinander die Bilder für einen Laut aufgedeckt (zunächst mit dem Buchstaben, später ohne). Die Kinder benennen das Wort, den Laut am Anfang und schreiben den passenden Buchstaben. Hierzu müssen natürlich weitgehend lauttreue Wörter ausgesucht werden.
- Frühzeitig sollten die Kinder kurze lauttreue Wörter verschriften. Auch hierzu können Bildkarten (mit dem Wort auf der Rückseite als Kontrolle) mit lauttreuen Wörtern verwendet werden.

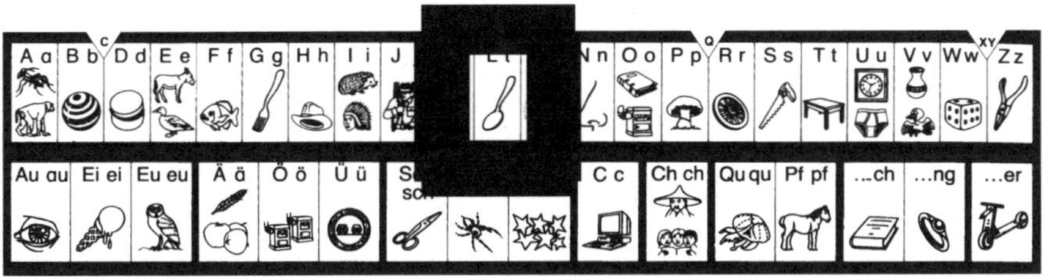

- Besonders schnell lernen Kinder, sich auf der Anlauttabelle zu orientieren, wenn man mit ihnen täglich einen „Anlautrap" singt. Musik und Texte finden Sie hierzu im Internet, im Downloadbereich der Rechtschreibwerkstatt (s. Literatur).

Diese Orientierungsübungen erleichtern den Kindern am Anfang den Umgang mit der Anlauttabelle. Dabei werden die Kinder von Beginn an auch ermutigt, eigene Wörter zu schreiben. Die Übungen am Tageslichtschreiber trainieren auch das Abhören von Wörtern und sind somit mehr als nur eine Vorübung für die Verschriftung selbst ausgedachter Wörter.

Reflexion

Welche Übungen in der Klasse durchgeführt werden, um den Kindern die Orientierung auf der Anlauttabelle zu vermitteln, wird sicherlich von Klasse zu Klasse verschieden sein. Gute Erfahrungen habe ich mit dem Anlautrap und mit der Anlauttabelle als Folie für den Tageslichtschreiber gemacht. Hier konnten einige Kinder im Wechsel einfache Wörter mit dem Folienstift markieren. Die anderen suchten ebenfalls auf ihrer Anlauttabelle die entsprechenden Buchstaben. Besonders interessant für die Kinder ist es, die tägliche Übungsstunde mit einem „Anlautrap" als gemeinsames Lied zu beginnen. Dabei verfolgt ein Kind mit dem Zeigestock an dem in der Klasse aufgehängten Anlautlineal die gesungenen Buchstaben. Gerade dieser „Anlautrap" hat viel dazu beigetragen, dass sich die Kinder schnell auf der Anlauttabelle orientieren konnten. (Kostenlose Downloads finden Sie unter: www.download.rechtschreibwerkstatt.de/Material/Anfangsunterricht/Anlautlineal)

Schreibanlässe

Bilderbücher, Geschichten und Briefe liefern eine Vielzahl an Ideen zum produktiven Umgang mit Texten und bieten viele Anlässe zum freien Schreiben.

Bilder und Figuren aus Fibeln

Um die Kinder zum Schreiben zu motivieren, habe ich u. a. auch eine Fibel verwendet. Wir haben diese jedoch nicht Seite für Seite gelesen, sondern die Bilder für Schreibanlässe genutzt. Nach und nach habe ich sie den Kindern ohne Text an die Hand gegeben. So erstellten sich die Kinder über das Schuljahr hinweg ein eigenes Buch, das sehr schön ihre Lernentwicklung zeigt. Natürlich lassen sich auch andere Bilderbücher hierfür nutzen, es muss nicht unbedingt eine Fibel sein. Als vorteilhaft hat es sich erwiesen, dass hier eine durchgehende Geschichte erzählt wird, die immer wieder für das freie Schreiben aufgegriffen werden konnte.

Zuerst haben die Kinder im gemeinsamen Unterrichtsgespräch Schreibideen zu dem jeweiligen Bild gesammelt (Verschriftungsbeispiel September). Meistens habe ich zu den Schreibideen der Kinder einen lauttreuen Satz formuliert. Diesen haben wir dann mit der Anlauttabelle gemeinsam verschriftet. Anschließend habe ich den Satz zur Lernkontrolle an die Tafel geschrieben. Im Anschluss an diese Unterrichtsphase haben die Kinder ihre Ideen zum jeweiligen Bild selbstständig weiter verschriftet.

Dabei fielen von Beginn an unterschiedliche Vorgehensweisen der Kinder auf. Einige brauchten die Sicherheit der Vorgaben und beschränkten sich weitgehend auf die gemeinsam erarbeiteten Sätze. Andere ergänzten den Text durch bekannte Wörter. Eine Reihe von Kindern nutzte einen gemeinsam erarbeiteten Satz, um diesen immer wieder neu zu verändern und zu ergänzen. Die Sicherheit, die ihnen die Wiederholung bot, ermöglichte ihnen auf der anderen Seite einen kreativen Umgang mit den Bildern. Im nebenstehenden Beispiel wurde erarbeitet: „Ole am schlafen." „Mama am lesen."

Die Geschichten der Kinder beschränkten sich am Anfang auf einzelne Wörter, die zu den abgebildeten Dingen und Personen hinzugefügt wurden.

OLeam schlafen
mamaamLesen.
ELa und ALo mit karten
Maulwof amschlafen
Leo am schlafen

Zunehmend wurden jedoch auch Sätze und ganze Geschichten geschrieben.

Mit der Zeit benötigten die Kinder die gemeinsam formulierten Vorgaben nicht mehr. Sie erfanden zu den Bildern eigene Geschichten, die sie in der Klasse vorstellten und vorlasen. Diese Geschichten waren zunehmend richtige Erzählungen und keine reinen Bildbeschreibungen.

Briefkasten

Die zentrale Bedeutung der Schrift ist es, etwas von sich mitzuteilen und von anderen zu erfahren. Sie erweitert die kommunikative Funktion der Sprache. Wir können uns mit jemandem unterhalten, der nicht da ist.

Der Briefkasten ist eine gute Möglichkeit, diese kommunikative Funktion der Schrift den Kindern zu vermitteln. Vom ersten Schultag an stand der Briefkasten in der Klasse. Erzählte Geschichten, die sich zunächst mit den beiden Klassentieren beschäftigten, nutzte ich, um die Kinder zum Schreiben von Briefen zu verlocken. Wichtig ist natürlich, dass die Briefe der Kinder alle beantwortet werden. Nur so kann die Motivation zum Schreiben neuer Briefe erhalten werden. Dies ist sicherlich mitunter recht aufwändig,

Januar: „Ela zwischen zwei Fichten. Die Ela ruft Hilfe. Der Maulwurf wandert. Der Hase holt Hilfe.“

vor allem, wenn die Kinder viel schreiben. Die gemeinsame Geschichte hilft hier, den Aufwand zu reduzieren, weil die Antwortbriefe zunächst immer an die ganze Klasse gerichtet waren.

Da Leo als Rabe fliegen kann, war es leicht, ihn immer wieder für ein paar Tage verschwinden und irgendwohin fliegen zu lassen. Dies bot Stoff für viele Geschichten. Auch die Tobis aus dem ersten Buch der Fibel waren beliebte Adressaten für Geschichten und Briefe. Hier spielte Leo lange Zeit den Postboten und flog von der Klasse ins Tobiland, um die Briefe zu übermitteln. Die meisten Geschichten entwickelten sich aus dem Unterricht und aus dem, was die Kinder erzählten oder zu den Bilder schrieben.

Hier einige Geschichten und Briefbeispiele der Kinder, die deutlich machen, mit welcher Fantasie die Kinder an das Schreiben herangingen.

An den Briefen ist schön zu erkennen, dass die Kinder das Prinzip der Laut-Buchstaben-Zuordnung beim Verschriften von Sprache bereits verstanden hatten. Mithilfe der Anlauttabelle versuchten sie sofort, einzelne Wörter zu verschriften.

Das linke Beispiel zeigt, wie ein Schüler „Polizei“ auf die vordrängenden Konsonanten reduziert. Er unternimmt mehrere Versuche, das Wort Lama zu schreiben. Dann entdeckt er die Analogie zu „Mama“. Beim Verschriften des Wortes Lama wechselte er nach dem ersten Buchstaben dazu über, das Wort Mama zu verschriften.

Solche Analogiebildungen können am Anfang bei vielen Kindern beobachtet werden (z. B. unten: Lama – Lars). Interessant auch, wie der Schüler bei dem Wort „Leo“ hier den Kleinbuchstaben „e“ verwendet.

Lama + Polizei + Leo + Lars

Das Lama spuckt!

In der ersten Schulwoche erzählte ich den Kindern, dass Leo im Zoo gewesen sei. Dort wollte er die Eisbären besuchen. Als er auf dem Weg zum Gehege der Eisbären war, begegnete ihm ein freches Lama. Statt Leo freundlich zu begrüßen, spuckte das freche Lama in hohem Bogen. Leo war empört und bat das Lama, es solle aufhören in der Gegend herumzuspucken. Das

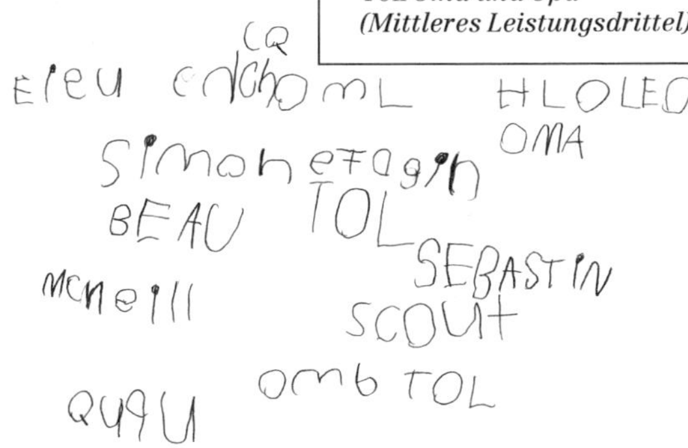

Hallo Leo Oma Simone Toll Sebastian MC Neill SCOUT Toll *Oma und Opa (Mittleres Leistungsdrittel)*

Lama aber störte sich nicht an Leo und spuckte einfach weiter. Leo fand das Betragen des Lamas unerhört und beschloss, diesen unerfreulichen Vorfall dem Zoowärter zu melden. Doch leider konnte Leo noch nicht schreiben. Die Kinder halfen Leo, einen Beschwerdebrief an den Zoowärter zu schreiben.

Natürlich waren die Beschwerdebriefe erfolgreich: Nachdem der Zoowärter mit dem Lama gesprochen hatte, dass es unhöflich sei, Gäste zu bespucken, entschuldigte sich das Lama bei Leo.

Leo im Tobiwald

Endlich Wochenende! Nach den ersten beiden Schulwochen war schon allerhand geschafft. Leo hatte die ersten Schultage fleißig mit uns gelernt. Jetzt machte er sich auf den Weg in den Tobiwald. Das war für uns eine gute Gelegenheit, um den Tobis im Tobiwald zum ersten Mal Briefe mitzuschicken. Da es im Tobiwald keine Post gibt, musste Leo die Aufgabe des Briefträgers übernehmen.

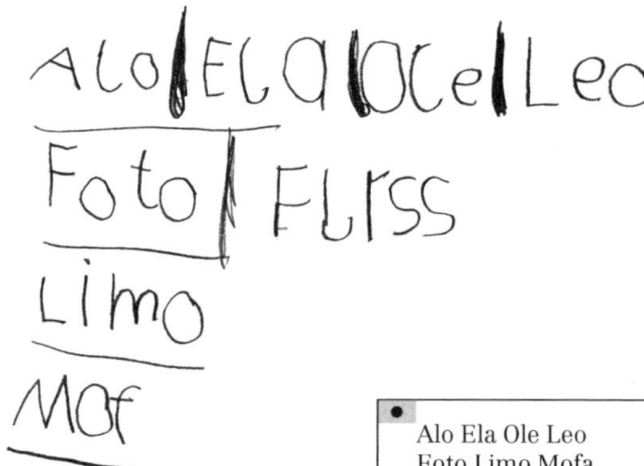

Alo Ela Ole Leo
Foto Limo Mofa
Viele Grüße

Unsere Post wurde von den Tobis natürlich freundlich beantwortet. Nachdem ich den Kindern den Brief von den Tobis vorgelesen hatte, schrieben die Kinder sofort die nächsten Briefe.

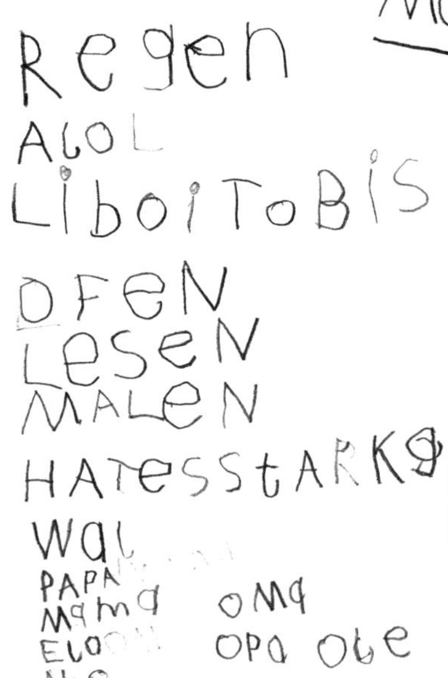

Hat es stark geregnet?

Nach etwa vierzehn Tagen begannen sich die Kinder von den Textvorgaben zu lösen. Mit der Anlauttabelle hatten wir die Wörter „Foto, Limo, Mofa“ gemeinsam erarbeitet. Die Kinder begannen, sich eigene Wörter auszudenken und aufzuschreiben. Interessant waren die verschiedenen Versuche, „viele Grüße“ aufzuschreiben.

Dabei wollten die Kinder den Tobis zeigen, was sie in so kurzer Zeit schon alles dazugelernt hatten. Mithilfe der Anlauttabelle verschrifteten die Kinder lauttreue Wörter und schickten sie den Tobis als Briefe. Die Briefe der Kinder waren zum großen Teil „Einwortbriefe“. Dabei schrieben sie zum einen Wörter, die sie kannten und zum anderen solche Wörter, die sie mithilfe der Anlauttabelle selber erarbeitet hatten. An manchen Stellen konnte man bereits erkennen, dass einige Kinder versuchten, erste Sätze zu bilden. Die Leistungsunterschiede zwischen den Kindern waren von Beginn an gut zu beobachten (Schreibbeispiele von Oktober). Die Unterschiede bezogen sich auf

- die Auswahl der eigenen Wörter,
- die Nutzung von Rechtschreibmodellen,
- den Grad der Laut-Buchstaben-Zuordnung,
- die motorische Umsetzung,
- die Kompetenz zur Durchgliederung.

Ausländisches Kind

Leistungsstarkes Kind

Kind mit Sprachtherapie in Klasse 1
Faden, Bus, Iglu, Kamel, Ananas, Fisch, Ofen

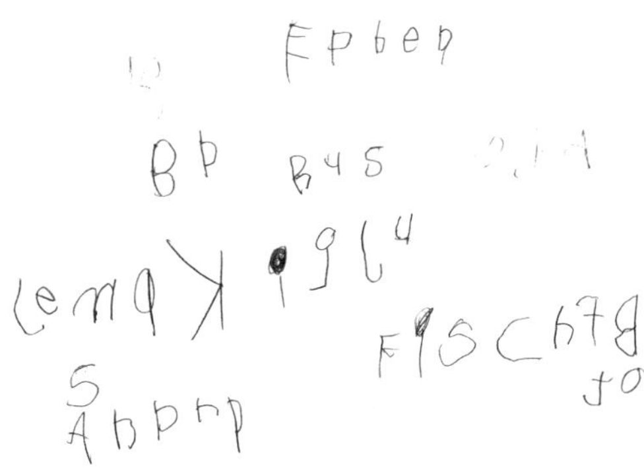

Bei so großen Leistungsunterschieden war der Hör-, Schreib- und Sehpass eine große Hilfe für die Differenzierung der Förderung.

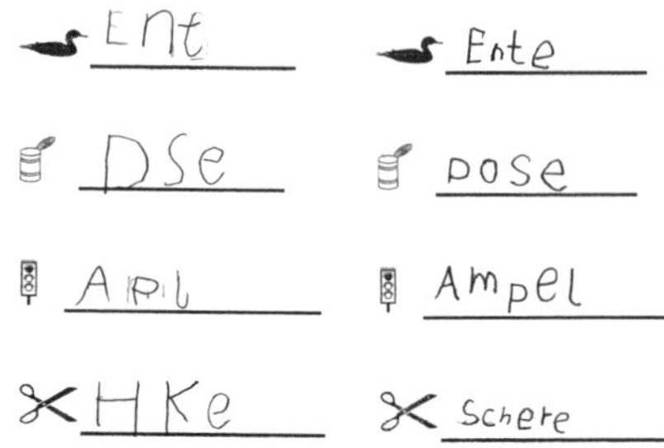

Bei Pepe auf der Insel

Die meiste Zeit saß Leo in unserer Klasse neben dem Briefkasten. Eines Morgens war Leo nicht auf seinem Platz. Er hatte eine Nachricht an die Kinder hinterlassen. Er war zu seinem Freund Pepe geflogen, um ihm die vielen Bilder und Wörter der Kinder aus der Tigerentenklasse zu zeigen. Am folgenden Tag kam Flaschenpost von Leo: Er war bei Pepe angekommen und schrieb, wie gut ihm die Insel gefällt und dass es dort schön warm sei. Er wolle noch ein paar Tage bei Pepe bleiben. Das Tollste auf der Insel seien die merkwürdigen Dinge, die vom Meer am Strand angeschwemmt wurden. Leo zeichnete alle Fundstücke genau auf und schickte die Bilder den Kindern. Vielleicht könnten sie behilflich sein und Pepe all die seltsamen Sachen einmal beschriften? Natürlich erkundigte sich Leo auch nach den Kindern und was sie alles lernen.

Es gab genug Stoff, um Leo und Pepe eine Flaschenpost zu schicken. Dabei versuchten die Kinder, die vorgegebenen Bilder zu verschriften.

Pepe war begeistert von den Schreibkünsten der Kinder. Bald war Leo von seiner Reise wieder zurück und erzählte von den Abenteuern auf der Insel. Grund genug, neue Briefe an Pepe zu schreiben. Und wieder flog Leo zur Insel und brachte neue Bilder von merkwürdigen Dingen mit, die Pepe erklärt bekommen wollte.

Manchmal ist es schon erstaunlich, wie sehr sich Kinder in diesem Alter noch in solche Geschichten einleben können. Jedenfalls war es nie eine Frage, warum denn Leo dem Pepe nicht die vielen Dinge erklärt. Aber vielleicht waren die Kinder auch nur schlau genug, mir den Gefallen zu tun und neue Wörter aufzuschreiben.

Die Geschichte von Pepe war sehr ausbaufähig. Die Kinder konnten hier vorgegebene Wörter auf unterschiedlichem Niveau verschriften. Sie konnten Bilder malen und eigene Wörter aufschreiben. Sie konnten sich auch zurückziehen auf Wörter, die wir schon gemeinsam erarbeitet hatten. Aus einer Bildkartei konnten sich die Kinder Bildvorlagen für die Verschriftung von Wörtern, die weitgehend lauttreu geschrieben werden, heraussuchen. An Pepe einen Brief zu schreiben, bot also viele Schreibanlässe auf ganz unterschiedlichem Niveau.

Leo und die Tigerente

Die nächsten Briefe schrieben die Kinder meist für Leo und die Tigerente. Ohne dass ich einen Vorschlag machte, griffen fast alle Kinder zu den Bildkarten. Sie versuchten, möglichst viele Bilder zu verschriften und sie als Brief zu verschicken. Zuerst war ich darüber nicht ganz glücklich, weil ich dachte, dass durch die Bildvorgaben die Fantasie der Kinder eingeschränkt würde. Das Angebot, sich an Rechtschreibmodellen zu orientieren, führte nämlich dazu, dass die Kinder nur einzelne Wörter ohne Zusammenhang schrieben.

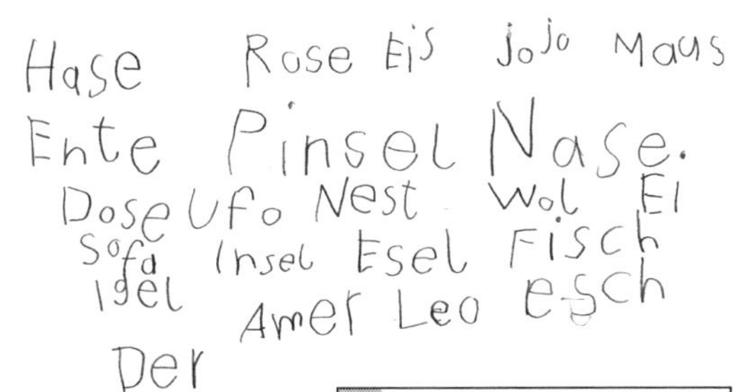

Mittleres Leistungsdrittel

Im Nachhinein sind mir die Schreibintentionen der Kinder jedoch deutlich geworden. Sie hatten zu diesem Zeitpunkt das Bedürfnis mitzuteilen, was sie schon alles gelernt hatten und auch zu zeigen, dass sie schon vieles „richtig“ schreiben können. Dabei achteten sie darauf, dass beim Schreiben mit den Bildkarten nicht gemogelt wurde. Erst wurde das Bild verschriftet, danach durfte auf der Rückseite der jeweiligen Bildkarte nachgeschaut werden, ob das Wort richtig geschrieben war.

Die Kinder nutzten von sich aus die Möglichkeit, sich an Rechtschreibmodellen (s. S. 89 ff.) zu orientieren. Offensichtlich passte diese Vorgehensweise beim Briefeschreiben zur Lernentwicklung der Kinder.

Herbstferien im Tobiwald

Zu Beginn der Herbstferien bekam jedes Kind einen Brief von Leo. Es war der erste Brief, den Leo ganz allein ohne Hilfe der Tobis geschrieben hatte. Die meisten Kinder konnten ihn schon recht gut lesen, weil ich ihn sehr einfach geschrieben hatte. Die Kinder antworteten natürlich.

An alle Tigerenten
Post ist da!
So eine Freude.
Maus am lesen.
Elefant am lesen.
Ameise am lesen.
Fisch am lesen.
Frosch am lesen.
Ole, Leo, Alo, Ela am lernen.
Mama am malen.
Schule ist schön!
Eure Tobis
Leo in der Tinte!
So ein Pech!

Mittleres Leistungsdrittel

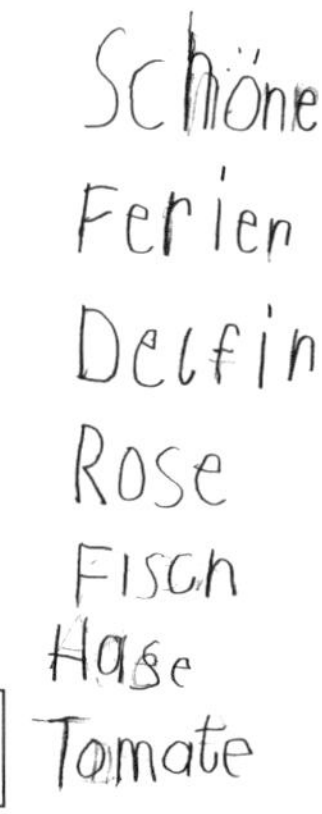

Reflexion

Die einfache und monotone Erzählstruktur, in der ich einige Briefe verfasst habe, ermöglichte den Kindern, dass sie sich diese Briefe zum großen Teil selbstständig erlesen konnten. Außerdem konnte ich beobachten, dass sie diese einfache Erzählstruktur beim freien Schreiben aufgriffen, um Sicherheit im Schreiben zu gewinnen. Erst vorsichtig, dann immer umfangreicher ergänzten sie ihre geschriebenen Texte. Aus den „Einwortbriefen" entwickelten die Kinder nach und nach kleine Texte, die trotz ihrer monotonen Struktur kreativ waren. Aus den „litaneiartigen" Wiederholungen entstanden zum Teil ganz witzige Sätze.

Im Nachhinein zeigte sich, dass die Kinder, die diese monotonen Erzählstrukturen als Erste aufgegriffen hatten, auch früh dazu übergingen, kleine Geschichten zu verfassen. Die monotonen Strukturen hatten die Kinder

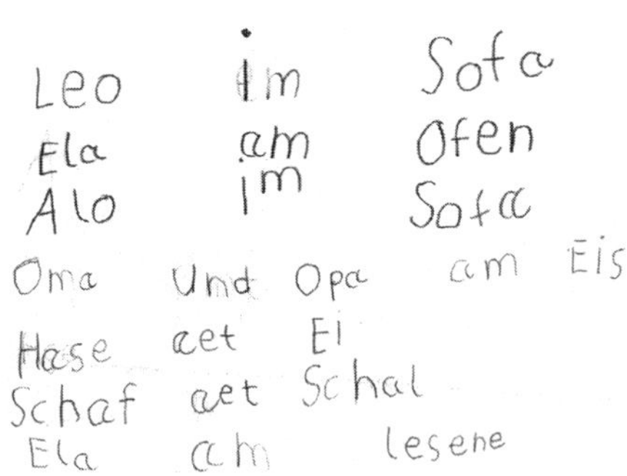

Mittleres Leistungsdrittel

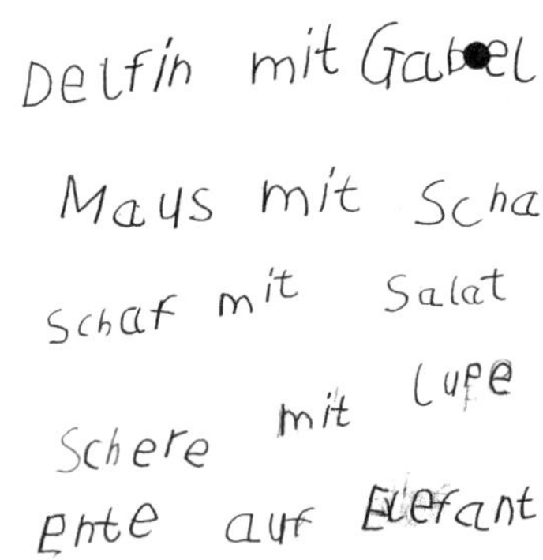

Oberes Leistungsdrittel

beim schriftlichen Sprachgebrauch also nicht eingeschränkt, wie ich zunächst befürchtet hatte. Im Gegenteil: Sie waren beim Schreiben eine Hilfe.

Einige Kinder machten sich einen Spaß daraus, für andere Kinder Leseaufgaben zu schreiben.

Male eine Muschel im Sand, Male Limo im Eimer, Male eine Möwe

Aus diesen Texten wurden bald schon richtige kleine Geschichten. Dabei schrieben die Kinder Sätze, die bereits in einem Erzählzusammenhang standen:

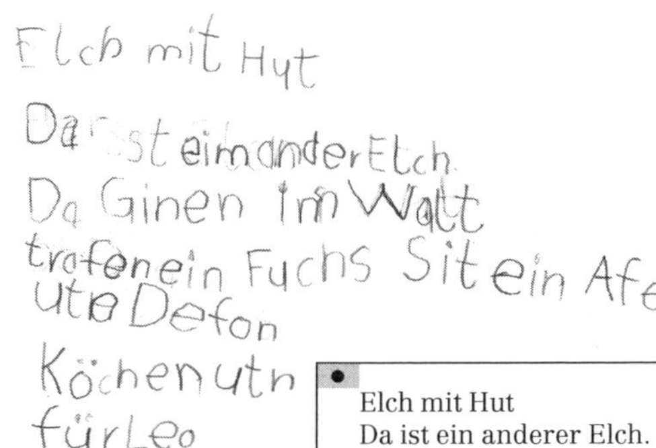

Elch mit Hut
Da ist ein anderer Elch.
Da gingen im Wald
Trafen einen Fuchs
Sieht einen Affen unten
von N.
für Leo

Durch diese simplen „Sätze“ wurden die Kinder nach und nach zum Schreiben längerer Texte ermutigt. Aus dem sicheren Rahmen heraus fiel es ihnen dann leichter, ihre eigene Fantasie spielen zu lassen und ihre Kompetenzen beim Schreiben Schritt für Schritt zu erweitern.

Weihnachten

In der Weihnachtszeit hatte Leo mit der Post besonders viel zu tun: Er brachte nämlich unsere Briefe und Wunschzettel zum Weihnachtsmann. Schließlich kann man den Weihnachtsmann nicht anrufen.

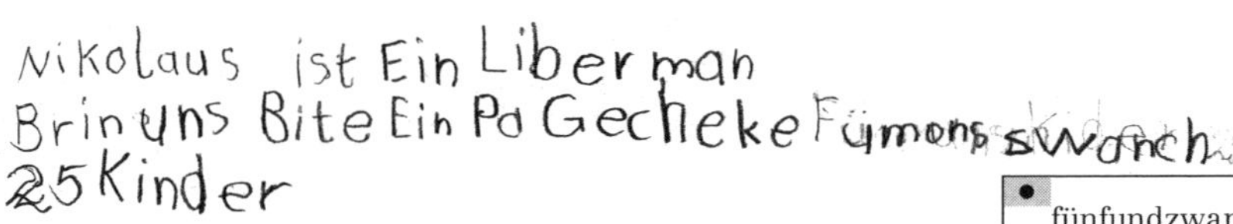

fünfundzwanzig

Natürlich vergaßen uns zu Weihnachten auch die Tobis nicht und schickten Grüße. Die meisten Kinder konnten nun diesen Brief selbst erlesen:

Guten Tak Libe Tobis
ich habe eure brife mit
bikome Ale kinder sagen
das ich der besnte lesenkan
lernen Alo und Ela Noch
was macht Oma Opa und Mama
und lulu

> Guten Tag liebe Tobis. Ich habe eure Briefe mitbekommen. Alle Kinder sagen, dass ich der beste lesen kann. Lernen Alo und Ela noch? Was macht Oma, Opa und Mama?

An alle Tigerenten!
Viele Grüße aus dem Tobiwald und ein frohes Weihnachtsfest wünschen Alo, Ela, Ole, Leo, Mama, Papa, Oma und Opa.
Wir sind in unserer Höhle. Oma strickt warme Pullover. Opa hilft Oma beim Stricken.
Papa spielt Karten mit Alo und Ela. Ole schläft. Leo ärgert Ole. Und was macht ihr in eurer Schule?
Macht ihr auch ein bisschen Winterschlaf wie wir hier im Tobiwald?
Vielen Dank für eure lieben Briefe, die ihr uns immer schickt.

Mit der Zeit wurden aus den Geschichten der Kinder echte „Mitteilungen". Die Kinder griffen nicht nur die Anregungen des Unterrichtes auf, sondern teilten Eigenständiges mit:

Der Waldgeist im Tobiwald

Es war Januar. Die Briefe an die Tobis wiederholten sich allmählich. Es schien einigen Kindern der Briefstoff auszugehen. Um die Fantasie der Kinder anzuregen, erfand ich eine Geistergeschichte im Tobiwald. Auf seinem Wochenendbesuch im Tobiwald passierte Leo etwas Seltsames. Und sofort erzählte er uns in einem langen Brief die Neuigkeiten von den Tobis:

An alle Tigerenten
Vielen Dank, dass ihr immer so fleißig Post schreibt. Am Wochenende war ich im Tobiwald. Dort war es sehr kalt. Überall war Eis.
Mir wären fast die Flügel eingefroren. Der Schnee lag fast ein Meter hoch. Kein Wunder, dass die Tobis die meiste Zeit in der Höhle sind.
Neulich hat sich ein kleiner Waldgeist verirrt. Es war mitten in der Nacht. Der kleine Waldgeist fror und hatte fürchterliches Heimweh. Ole fand ihn ganz in der Nähe der Tobihöhle.
Er hatte sofort großes Mitleid. Die Tobis nahmen ihn bereitwillig zu sich. Den Winter über kann er jetzt mit in der Höhle bleiben. Der kleine Waldgeist heißt Lulu.

Er hat Ela und Alo beim Schreiben und Lesen zugeschaut. Nun lernt er auch die Buchstaben. Ela und Alo haben Lulu schon viel von der Tigerentenklasse erzählt.
Lulu möchte auch bald schreiben. Lulu kann sogar ein kleines bisschen zaubern. Lulu hat ein Zauberbuch für Waldgeister gefunden. Das hat er immer bei sich. Leider kennt er noch nicht alle Buchstaben und kann noch nicht richtig lesen. Zum Glück ist er jetzt bei den Tobis, denn da wird er das Lesen bestimmt schnell erlernen.
Einmal hat Lulu schon ein Feuer im Kamin gezaubert, ohne ein Streichholz zu gebrauchen. Gestern hat er ein Kissen verzaubert: Das Kissen flog auf einmal durch die Luft. Der Tobiopa sprang sofort hinter das Sofa, als das Kissen auf ihn zuflog. Der Tobioma riss das Kissen die Brille von der Nase. Lulu schimpfte mit dem Kissen, aber es wollte einfach nicht hören. Endlich fiel Lulu ein Spruch ein, um den Zauber zu beenden.
Ich war heilfroh, denn ich hatte schon befürchtet, das Kissen würde mich verfolgen. Stellt euch das einmal vor:
Ein schwarzer Rabe mit gelbem Schnabel, der von einem Kissen verfolgt wird.
Nun möchte Lulu einen fliegenden Teppich zaubern.
Wer weiß, was dann alles auf die Tobis noch zukommt, wenn ein Teppich durch die Höhle schwirrt.
Wenn Lulu groß ist, will er mit seinem fliegenden Teppich die Elefanten in Afrika besuchen. Ole möchte dann mit Lulu nach Afrika reisen. Die Tobimama meint, dass Ole in Afrika bestimmt Heimweh bekommt. Wisst ihr eigentlich, wo Afrika ist? Schaut doch einmal auf der Landkarte nach!
Vielleicht habt ihr ja etwas Zeit, den Tobis mal wieder zu schreiben. Sie werden sich über eure Post riesig freuen. Bis bald und liebe Grüße,
euer Leo
PS: Ich mache jetzt ein Nickerchen im Schrank, damit ich für die nächste Reise in den Tobiwald ausgeruht bin.
Wenn ihr leise seid, dann fände ich das sehr sehr lieb von euch. Eure Post aus dem Briefkasten nehme ich heute Abend natürlich mit auf meinen Flug in den Tobiwald.

Am Ende des Schultages war der Briefkasten wieder gefüllt. Und diesmal fanden sich nicht nur „Fragebriefe“, sondern auch einige eigene Geistergeschichten.

Ein Löwe hat ein Kamel totgebissen. Ela und Alo und Ole und zwei Waldgeister fliegen.
(mittleres Leistungsdrittel)

Am nächsten Tag war der Briefkasten wieder leer und Leo war verschwunden. Er hatte sich wieder auf die Reise gemacht. Die Schreibfreude der Kinder wuchs mit der Lulu-Geschichte, und ich war froh, dass Leo eine ganze Zeit lang nichts von sich hören ließ, sonst wären wir im Unterricht zu nichts anderem mehr gekommen.

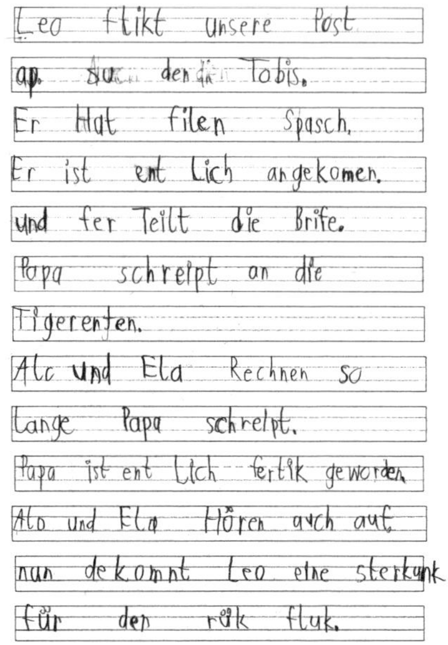

Leo fliegt unsere Post ab zu den Tobis. Er hat viel Spaß. Er ist endlich angekommen und verteilt die Briefe. Papa schreibt an die Tigerenten.
Alo und Ela rechnen so lange Papa schreibt. Papa ist endlich fertig geworden. Alo und Ela hören auch auf. Nun bekommt Leo eine Stärkung für den Rückflug.
(oberes Leistungsdrittel)

Die Fantasie der Kinder war angeregt, und es folgten viele lange Geschichten, Beschreibungen und Erzählungen. Die Phase der „Litaneien“, der wiederholenden Satzkonstruktionen war vorbei. Nun hatten die Kinder Sicherheit genug, eigene Gedanken zu Papier zu bringen. In den folgenden Wochen baute ich die Geschichte von Lulu noch weiter aus.

Es war Ende Februar, und immer mehr Kinder hatten die Arbeit mit der Lesekartei beendet. Sie begannen mit dem Modellwortschatz und den Abschreibtexten zu arbeiten. Der Effekt der Schönschreibübungen im Abschreibheft zeigte sich auch in den Briefen an die Tobis:

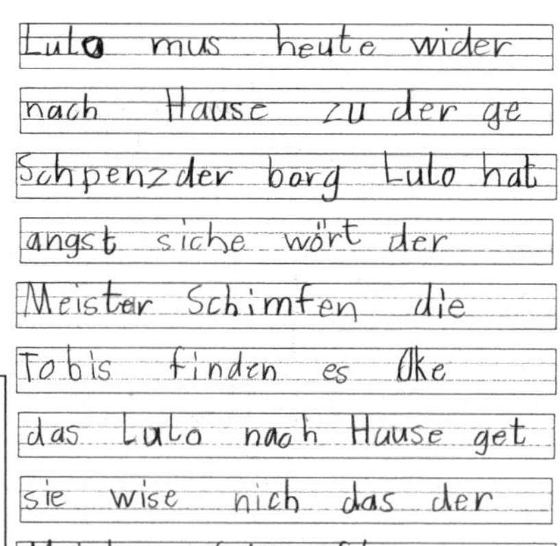

Lulu muss heute wieder nach Hause zu der Gespensterburg. Lulu hat Angst. Sicher wird der Meister schimpfen. Die Tobis finden es okay, dass Lulu nach Hause geht. Sie wissen nicht, dass der Meister schimpft.
(Februar – mittleres Leistungsdrittel)

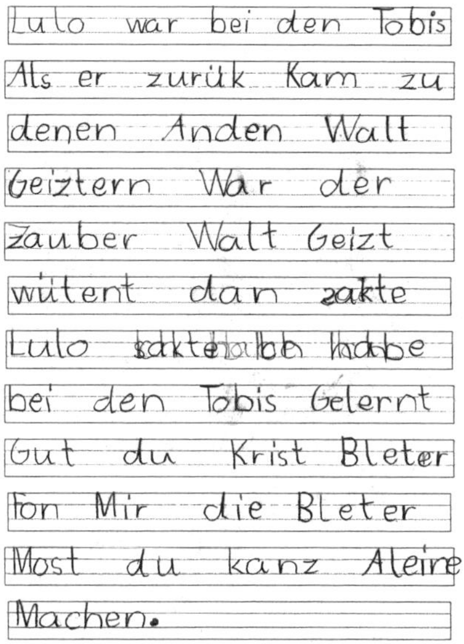

Lulo war bei den Tobis
Als er zurük Kam zu
denen Anden Walt
Geiztern War der
Zauber Walt Geizt
wütent dan zakte
Lulo sakte ich habe
bei den Tobis Gelernt
Gut du Krist Bleter
fon Mir die Bleter
Most du kanz Aleine
Machen.

Lulu war bei den Tobis. Als er zurückkam, zu den anderen Waldgeistern, war der Zauberwaldgeist wütend. Dann sagte Lulu ich habe bei den Tobis gelernt. Gut, du kriegst Blätter von mir, die Blätter musst du ganz alleine machen.
(März – mittleres Leistungsdrittel)

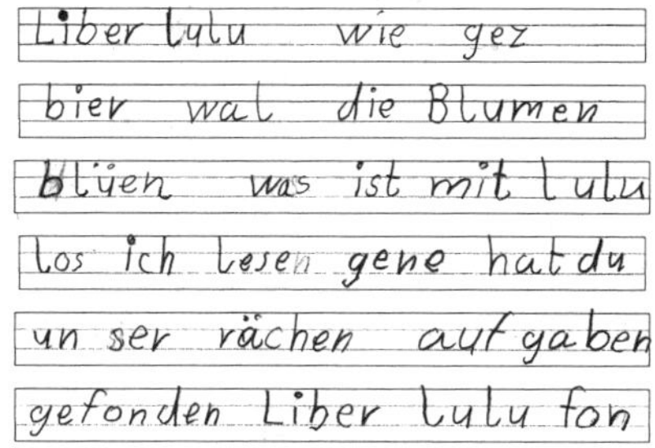

Liber Lulu wie gez
bier wal die Blumen
blüen was ist mit lulu
los ich lesen gene hat du
un ser rächen auf gaben
gefonden Liber Lulu fon

Lieber Lulu, wie geht es dir, weil die Blumen blühen? Was ist mit Lulu los? Ich lese gerne. Hast du unsere Rechenaufgaben gefunden?
Lieber Lulu
(März – unteres Leistungsdrittel)

Wir warteten ab und die Kinder übten sich weiter im Schreiben. Eines Tages schrieb Lulu den Kindern, dass er eine schwere Prüfung auferlegt bekommen hatte: Er musste aus dem Tal der Drachen das Zauberbuch holen. Die Waldgeister brauchten die vielen Zaubersprüche. Nachdem Lulu diese Prüfung bestanden hatte, waren die Kinder erleichtert. Sie malten und bastelten eine Zauberburg und schrieben Lulu einen Brief.

Lieber Lulu! Wir sind froh, dass du die Zauberprüfung bestanden hast. Danke, dass du uns so einen langen Brief geschrieben hast.
(April – mittleres Leistungsdrittel)

Interessant war natürlich auch der Nachsatz in Lulus Brief: „Was würdet ihr euch alles zaubern, wenn ihr ein Zauberbuch in eurer Schule hättet? Schreibt mir doch bitte einmal.“ Dieser Nachsatz regte die Kinder zu tollen Fantasien an.

Lieber Leo, ich wünsche mir ein Pferd und ich wünsche mir einen Hasen und ich wünsche mir so gerne eine Katze. Kannst du mir das zaubern?
(April – mittleres Leistungsdrittel)

Lulu, wenn du willst, komm doch zur Schule. Du kannst meine Hausaufgaben zaubern. Lulu ist Zauberer geworden. Lulu ist ein König.
(April – unteres Leistungsdrittel)

Reflexion

Die Nutzung einer durchgängigen Geschichte, um Anlässe für das Schreiben von Briefen zu haben, hat sich in vielerlei Hinsicht als vorteilhaft erwiesen.

- Lernmotivation entsteht durch ein Ziel, das ich erreichen möchte und erreichen kann. Die konsequente Rückmeldung über das Erreichen von Teilschritten auf dem Weg zum Ziel stärkt und erhält diese Motivation. Da die Tobikinder (laut Briefe aus dem Tobiwald) auch gerade Lesen und Schreiben lernten, war ein Anreiz gegeben, immer wieder neu zu erzählen, was man schon alles gelernt hat und schon alles kann. Die Kinder nahmen dabei ihren Lernfortschritt bewusst wahr. Diese eigene Erfahrung und Reflexion führte zu einer anhaltenden Lernmotivation.
- Briefe bekommen und schreiben ist nach wie vor eine ganz besondere und persönliche (intime) Form der Kommunikation. Die Briefe der Kinder an die Tobis wurden meistens nicht individuell beantwortet. Die Tobis richteten (bis auf wenige Ausnahmen) ihre Briefe immer an die ganze Klasse. Dies führte keineswegs dazu, wie ich anfangs befürchtet habe, dass ein persönliches Angesprochensein nicht entstand und die Attraktivität des Briefeschreibens verlorengegangen wäre. Im Gegenteil: Die Antworten an die Klasse bewirkten eher eine Solidarität (wir als Klasse) und verhinderten „Wettkämpfe“ beim Briefeschreiben.

- Das Herstellen einer „imaginären“ Adresse hatte darüber hinaus auch ganz praktische Vorteile. Als Lehrerin war ich nicht der Adressat und brauchte daher auch nicht direkt zu antworten.
  Dies ermöglichte mir, mich auch einmal rauszuhalten. Ich brauchte nicht jeden Nachmittag mit dem Schreiben von Antwortbriefen zu verbringen. Wenn die Unterrichtszeit die Weiterarbeit an den Briefen nicht zuließ, wurde Leo einfach einmal krank oder er kam von irgendeiner Reise nicht zurück. Auch dies war für mich eine wichtige Entlastung.
  Das Schreiben von Antwortbriefen wurde durch den Klassenbezug deutlich vereinfacht. Ich brauchte nicht an jedes Kind einen Brief zu schreiben, sondern schrieb anstatt 29 immer nur einen.
  Gerade am Anfang, wenn die Kinder noch nicht lesen können, ist das Schreiben von Antwortbriefen besonders schwierig. Hier muss darauf geachtet werden, dass vornehmlich solche Wörter verwendet werden, die von den Kindern auch erlesen werden können (s. S. 69 ff.). Diesen Aufwand konnte ich auf einige wenige Briefe beschränken. Die meisten Briefe las ich der Klasse vor.
  Da immer die ganze Klasse angesprochen wurde, konnten die Briefe von mir auch genutzt werden, um neue Unterrichtsthemen (Strom, Wasser, Wintervorrat, Tiere des Waldes, Wünsche usw.) einzuführen. Selbst Rechenübungen ließen sich so initiieren.
- Wenn die Kinder Briefe an mich als Lehrerin schreiben, könnten sie mir das Gleiche auch viel präziser und besser erzählen. Das Schreiben erweist sich hier eher als eine Einschränkung der sonst möglichen Kommunikation. Aber genau das Gegenteil soll den Kindern vermittelt werden: Sie sollen erfahren, dass Schreiben unsere Kommunikationsmöglichkeiten erweitert. Wenn ich als Lehrerin der Adressat der Briefe bin, dann wird das Briefeschreiben in seinem ursprünglichen Sinn „pervertiert“. Denn Briefe schreibt man vornehmlich dann, wenn man die angesprochene Person nicht treffen kann, nicht direkt mit ihr zusammen ist oder sich nicht traut, etwas offen anzusprechen.

Bilderbücher

Bilderbücher spielen für Kinder eine wichtige Rolle. Sie veranschaulichen den geschriebenen Text und ergänzen ihn. Dadurch gelingt es leichter, sich „ein Bild von der Geschichte zu machen“. Die Bilderbücher regen die Fantasie an. Es entstehen Bilder und Geschichten „in den Köpfen“ der Kinder. Diese wollen mitgeteilt und ausgetauscht werden. Etwas malen, gestalten, spielen, erzählen oder aufschreiben bietet unterschiedliche Möglichkeiten, die Fantasie mitzuteilen. Indem diese verschiedenen Ausdrucksmöglichkeiten genutzt werden, entwickeln die Kinder ein Gespür für spezifische Chancen und Grenzen, die in den einzelnen Umsetzungen stecken.

Daher ist es wichtig, über das Lesen hinaus Bilderbücher zu nutzen,

- um die Inhalte in ein szenisches Spiel umzusetzen.
  Die weiterentwickelte Geschichte in eine Handlung zu übersetzen, entspricht dem Entwicklungsstand der Kinder am besten. Hierbei können sie viel mehr ausdrücken, als sie malen, versprachlichen oder gar aufschreiben können. Neben der gespielten Geschichte können auch andere Formen (Schattenspiel, Figurenspiel, Menschentheater, Maskenspiel usw.) genutzt werden.
- um etwas zu malen oder zu gestalten.
  Die durch den Text und die Bilder angeregte Fantasie führt „in den Köpfen" der Kinder zu neuen Bildern. Diese umfassen viel mehr, als durch die Sprache (oder Schrift) ausgedrückt werden kann. Es ist vor allem die emotionale Qualität, die im Malen und Gestalten ausgelebt wird. Dabei konkretisiert nicht das Produkt (z. B. das Bild), sondern das Tun die Fantasie. Im Malen und Gestalten werden die „Bilder im Kopf" zu etwas Realem.
- um Textteile sprachlich zu antizipieren.
  Indem Kinder fantasieren, wie die Geschichte weitergehen könnte, wird eine Sinnerwartung aufgebaut. Dies ist für den Leselernprozess von zentraler Bedeutung. Die Versprachlichung grenzt die Ausdrucksmöglichkeiten jedoch auch ein. Gefühle und Stimmungen zu beschreiben bedarf einer großen sprachlichen Gewandtheit, die Kinder gerade erst lernen sollen.
- um zu einem Bilderbuch ein Parallelbuch zu schreiben.
  Das Weiterschreiben einer Geschichte bietet andere Ausdrucksmöglichkeiten als die gemalten Bilder oder die Umsetzung in szenisches Spiel. Es ermöglicht unter anderem „Probehandlungen". So können verschiedene Entwicklungen ausprobiert werden, bevor sie „real" werden.

Geschichten weiter zu spielen, zu malen, zu gestalten, zu erzählen und aufzuschreiben zeigt den Kindern darüber hinaus die Vielfalt der Fantasien und Ideen, die aus einer Geschichte heraus entwickelt werden können.

Indem Kinder auf diese Weise produktiv mit Bilderbüchern umgehen, lernen sie, dass Bücher nicht da sind, um „einfach nur gelesen" zu werden. Vielmehr beinhaltet jede Geschichte immer auch Realitäten des Lebens. Deshalb bringen Bücher den Menschen allgemein zum Handeln: Zunächst ist es ein Handeln in der Fantasie, eine Art Probehandeln, später setzen wir Teile davon konkret um.

Bei jedem gemeinsam erarbeiteten Bilderbuch können die unterschiedlichen produktiven Umgangsformen angewandt werden. Damit die Kinder die Möglichkeit haben, sich auf unterschiedliche Weise einen Zugang zur Bilderbuchgeschichte zu verschaffen, ist es sinnvoll, verschiedene Umgangsformen zu einem Bilderbuch anzubieten – im Stationenbetrieb oder im Werkstattunterricht.

Im Folgenden wird die praktische Umsetzung des produktiven Umgangs mit Bilderbüchern *beim Schreiben* anhand einiger Beispiele dargestellt. Kurze ***Hinweise zur Weiterführung,*** wie das Thema in den Bereichen Kunst, Sachunterricht, Sprache und Mathematik genutzt wurde (und werden kann), ergänzen die Beispiele.

„Cornelius" von Leo Lionni

Die Geschichte

Eines Tages schlüpfen am Flussufer kleine Krokodile aus ihren Eiern. Eines von ihnen heißt Cornelius. Als Cornelius heranwächst, stellt sich heraus, dass er anders ist als die anderen Krokodile: Cornelius kann aufrecht gehen und sieht deshalb Dinge, die andere Krokodile nicht sehen können. Und wenn Cornelius den anderen Krokodilen seine Kunststücke vorführt, meinen diese immer nur „Na und". Deshalb verlässt Cornelius eines Tages das Flussufer und macht sich auf den Weg. Nach einiger Zeit trifft er einen Affen. Cornelius zeigt dem Affen seine Kunststücke. Der Affe staunt und führt auch seine Kunststücke vor. Cornelius lernt von dem Affen noch weitere Kunststücke.

Schreibanlässe

Zu dem Bilderbuch haben die Kinder ein Parallelbuch geschrieben (Oktober nach den Herbstferien). Dazu habe ich den Kindern den Anfang der Geschichte vorgelesen und die entsprechenden Bilder zum Text gezeigt. Die Fortsetzung der Geschichte sollten sie sich selbst ausdenken. Die Kinder hatten sofort viele Ideen, was Cornelius noch alles lernt: singen, Fahrrad fahren, telefonieren, schreiben usw. (Kretschmer 1986).

Damit die Kinder ihre Ideen verschriften konnten, bekam jedes Kind ein leeres Blatt Papier. Zusätzlich hatte ich die Corneliusfigur mehrmals auf ein DIN-A4-Blatt kopiert. Diese Figur schnitten die Kinder aus und klebten sie auf ihr Blatt. Dann konnten sie noch etwas dazu malen. Zu dem geklebten und gemalten Bild fiel es ihnen jetzt leichter, auch noch etwas zu schreiben. Am Ende der Stunde stellten die Kinder ihre selbst geschriebenen Bilderbuchseiten vor.

Aus den losen Blättern sollte nun ein gemeinsames Buch entstehen. Deshalb sammelte ich alle Blätter ein. Zu jeder Seite schrieb ich den Text noch einmal in „Erwachsenenschrift“ dazu. Dann ließ ich alle Seiten binden (Spiralbindung/laminierter Buchumschlag). Dieses Bilderbuch wurde von den Kindern in den Lesestunden sehr gerne zur Lektüre genommen.

Hinweise zur Weiterführung

Sprache: szenisches Spiel/Schattenspiel (Cornelius kommt zum Flussufer zurück und zeigt den anderen Krokodilen, was er alles gelernt hat.)

Kunst: Gründifferenzierung (Die Haut des Krokodils; Betrachtung der Krokodilfigur von Joan Miró)

Sachunterricht: Das Leben der Krokodile

Die Variationsbreite, was Cornelius an Kunststücken lernen könnte, war enorm:

Cornelius lernt Jojo
... flüken (pflücken)
... Könik zu sein
... Henen (hängen)
... laufen
... Roler fan (Roller fahren)
... Ufo Faren (fahren)
... Touren (tauchen)
... Kofzoschden (Kopfstand)
... Inleiner (Inliner)
... Skebot faren
(Skateboard fahren)
... Botfaren (Boot zu fahren)
... Fusbal (Fußball)
... ein Satoa (einen Salto)
... Farat faren
(Fahrrad fahren)
... schwemen (schwimmen)
... Telefoniren (telefonieren)
... Purzelbaum
... fligen (fliegen)
... Motrat faren
(Motorrad fahren)
... Cornelius ist Könich
er Baut ein Schlos
... hengt am Baum (hängt)
... macht einen Küpa
(Köpper, Kopfsprung)

„Freunde" von Helme Heine

Die Geschichte

Die Geschichte erzählt von den drei Freunden Jonny Mauser (Maus), Franz von Hahn (Hahn) und dem dicken Waldemar (Schwein). Sie leben zusammen auf einem Bauernhof. Eines Tages radeln die drei mit dem Fahrrad von zu Hause los, um gemeinsam Abenteuer zu bestehen.

Schreibanlässe

Was erleben die drei Freunde alles, wenn sie hinausfahren, um Abenteuer zu bestehen (Schreibbeispiel Januar)? Im Unterrichtsgespräch sammelten die Kinder eine Vielzahl an Ideen:
Die drei Freunde können

- gemeinsam Fußball spielen,
- zum Mond fliegen,
- zusammen Segelboot oder Auto oder Fahrrad fahren,
- Weitsprung oder Wettrennen machen,
- fangen oder mit dem Ball spielen
- usw.

Die Kinder schnitten die Kopiervorlagen von Jonny, Franz und Waldemar aus. Die Bilder wurde vervollständigt und beschriftet. Aus den Ideen der Kinder entstand unser zweites Bilderbuch, das nun schon kleine Geschichten enthielt.

Hinweise zur Weiterführung

Sprache: Figurenspiel (Die drei Freunde kommen erschöpft von ihrer Abenteuerreise nach Hause und erzählen den anderen Tieren auf dem Hof, was sie alles erlebt haben.)
Sachunterricht: Das Leben der Tiere auf dem Bauernhof, Thema Freundschaft

„Die kleine Maus sucht einen Freund" von Eric Carle

Die Geschichte

Eine kleine Maus zieht in die Weltgeschichte und sucht einen Freund. Dabei macht sie Bekanntschaften mit einer Reihe von Tieren.

Schreibanlässe

Die Kinder überlegten, wen die kleine Maus noch alles treffen könnte, nachdem sie schon das Pferd, das Känguru und den Seelöwen getroffen hatte. Dazu spielten die Kinder im szenischen Spiel ihre selbst ausgedachten Geschichten. Im Anschluss daran erhielten die Kinder zur zusätzlichen Schreibanregung eine Auswahl von Schreibblättern (Schreibbeispiele Februar). Auf den Schreibblättern war jeweils ein Tier kopiert (Elefant, Löwe, Giraffe, Krokodil, Schlange). Zu dem Tier konnten die Kinder die kleine Maus (Figurenblatt von der kleinen Maus zum Ausschneiden) dazukleben. Schließlich schrieben die Kinder zu ihrer jeweiligen Bilderbuchseite eine kurze Geschichte. – Unser drittes Bilderbuch entstand.

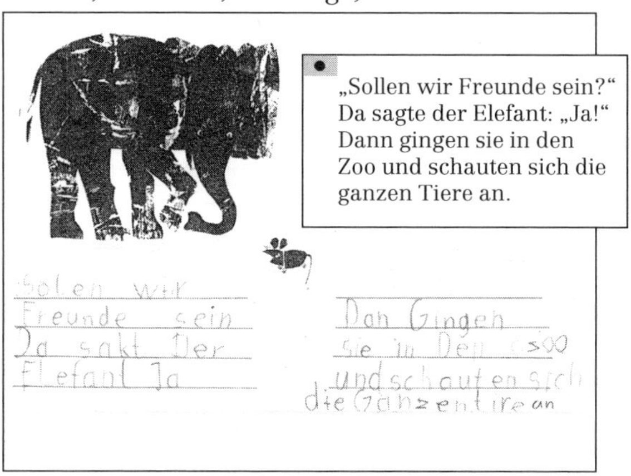

Zur Weiterführung

Sachunterricht: Das Leben der Mäuse, Thema Freundschaft

„Guten Tag, lieber Wal" von Erwin Brögler

Die Geschichte

Heinrich lebt zusammen mit seiner Frau Rosine am Meer. Jeden Tag fährt er mit seinem Boot den Fluss entlang, bis er zum Meer gelangt. Dort fängt er Fische.

Eines Tages begegnet er einem Wal. Heinrich und der Wal werden Freunde. Jeden Tag besucht Heinrich seinen Freund, den Wal. Als Heinrich sich das Bein bricht, kann er für längere Zeit nicht hinaus zum Meer fahren.

Der Wal macht sich Sorgen um Heinrich und beschließt, ihn zu suchen. Er schwimmt bis zur Flussmündung und dann noch weiter, den Fluss entlang.

Der Fluss führt in eine Stadt. In der Stadt bleibt der Wal unter einer Brücke stecken.

Schreibanlässe

Wie könnte die Geschichte weitergehen? Die Kinder schrieben das vierte Bilderbuch (Schreibbeispiele März).

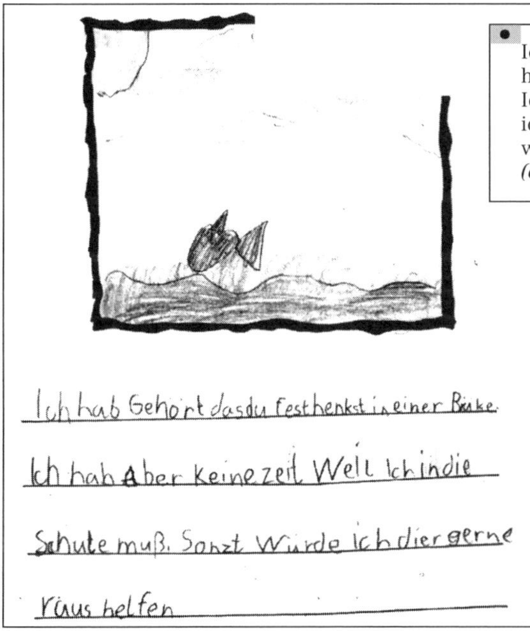

Ich habe gehört, dass du festhängst unter einer Brücke. Ich habe aber keine Zeit, weil ich in die Schule muss. Sonst würde ich dir gerne helfen.
(oberes Leistungsdrittel)

Zur Weiterführung

Szenisches Spiel: Die Leute stehen auf der Brücke und unterhalten sich über den Wal./Ein Kind berichtet seinen Eltern, dass es auf dem Heimweg von der Schule einem Wal begegnet ist.

Sachunterricht: Das Leben der Wale, bedrohte Tiere

Das Bilderbuch zum Märchen „Der dicke fette Pfannkuchen"

Schreibanlässe

Im fünften Bilderbuch schrieben die Kinder, wem der dicke fette Pfannkuchen noch alles begegnen könnte, nachdem er drei alten Weibern, einer Ziege und einem Hasen davongelaufen war (Schreibbeispiel April).

„Hallo Pfanneküchlein, wie geht es dir? Darf ich dich fressen?" „Nein, du springst mir zu viel rum."
(oberes Leistungsdrittel)

Zur Weiterführung

Sprache: Figurenspiel (Der dicke fette Pfannkuchen begegnet dem Hasen, der Ziege usw.)

Musik/Sprache: Musikalische Umsetzung des Märchens mit Orff-Instrumenten (Hörspiel)

Sachunterricht: Wo kommen unsere Märchen her?

„Der Regenbogenfisch“ von Marcus Pfister

Die Geschichte

Der Regenbogenfisch ist mit seinen Glitzerschuppen der schönste Fisch im Ozean. Weil er aber auch eitel und stolz ist, wird er mit der Zeit immer einsamer. Der Oktopus gibt dem einsamen Regenbogenfisch einen Rat: „Schenke jedem Fisch eine deiner Glitzerschuppen!“ (Schreibbeispiel Mai)

„Lieber Regenbogenfisch. Kannst du uns allen eine Glitzerschuppe abgeben?“ „Ja bitte!“ *(mittleres Leistungsdrittel)*

Die Fische schwimmen. Der Schuppenfisch sagt: „Hallo!“ Die Fische sagen nichts. Der Schuppenfisch sagt: „Ihr könnt von mir eine Schuppe haben!“ *(mittleres Leistungsdrittel)*

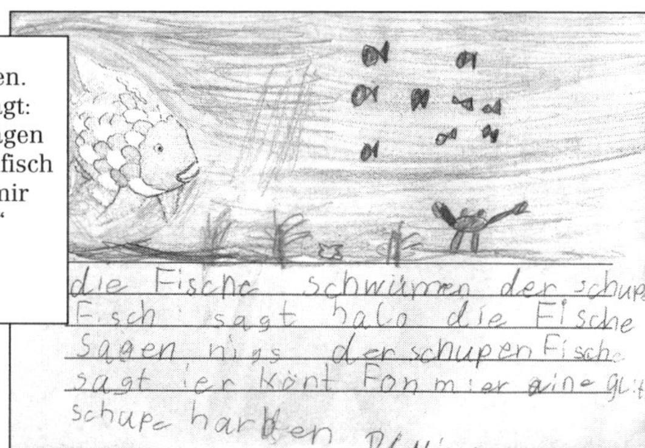

Schreibanlässe

Wie die Geschichte weitergeht, haben sich die Kinder im sechsten Bilderbuch überlegt.

Zur Weiterführung

Sprache: Schattenspiel (Nachdem der Regenbogenfisch mit dem Oktopus gesprochen hat, begegnet er den anderen Fischen wieder.)
Sachunterricht: Fische im Wasser
Kunst: Kunstbetrachtung (Die Goldfische von Paul Klee)/Wachsgraffito

Reflexion

Die selbst geschriebenen Bilderbücher waren bei den Kindern eine sehr beliebte Leselektüre. Das Interesse war groß, den eigenen Text in einem gebundenen Buch wiederzufinden und die anderen Texte ebenfalls zu lesen.

Das gegenseitige Interesse an den geschriebenen Texten schaffte wieder neue Schreibmotivation. Für die Kinder war es offensichtlich ein wichtiges Erfolgserlebnis zu wissen, dass ihre Texte von den anderen gern gelesen wurden.

Weiterführung

Das Schreiben hat in unserm alltäglichen Leben ganz unterschiedliche Funktionen. Von Anfang an werden die Schreibanlässe so ausgewählt, dass die Kinder die unterschiedlichen Bedeutungen erfahren:

- ***Schreiben für sich,*** etwas protokollieren, sich etwas merken, sich über etwas klar werden
  Die Kinder schreiben eigene Erlebnisse auf. Sie protokollieren, was sie in den Übungsstunden gemacht haben. Im Sachunterricht machen sie sich Notizen zum Thema. Sie notieren sich die Hausaufgaben oder kurze Mitteilungen an die Eltern.
- ***Schreiben für andere***
  Die Briefe, Bilderbücher und Geschichten der Kinder werden zusammengetragen und liegen in der Klasse als Leselektüre aus.

Kinder schreiben dann besonders gern und umfangreich, wenn das Thema sie emotional anspricht und ihren persönlichen Interessen entgegenkommt. Es spricht daher vieles dafür, die Schreibanlässe möglichst vielfältig zu gestalten, damit die verschiedenen Interessen der Kinder aufgegriffen werden können.

In der in diesem Buch beschriebenen ersten Klasse sind wir einen anderen Weg gegangen. Es wurden für die Schreibanlässe einige wenige Rahmenhandlungen eingeführt, die sich wie ein roter Faden durch das ganze Schuljahr zogen:

- Für jedes Kind habe ich eine kleine DIN-A6-Kladde angeschafft. Dieses Buch diente uns als ***Bildwörterbuch***. In einem großen Schuhkarton hatte ich ausgeschnittene Bilder aus Zeitungen, Katalogen, alten Bilderbüchern. Solche Bilder kann man auch von Eltern z. B. auf Elternabenden ausschneiden lassen. Dies ist eine gute Gelegenheit, mit den Eltern die ersten Verschriftungsversuche und später die Lernfortschritte zu besprechen. Die Kinder konnten sich in den Trainingsstunden und später auch in kurzen „arbeitsfreien“ Unterrichtsphasen ein Bild aus dem

Schuhkarton nehmen und in das Bildwörterbuch kleben. Anschließend sollten sie hierzu ein Wort schreiben. Am Anfang (nachdem das Anlautlineal eingeführt worden war) habe ich vorgegeben, dass jedes Kind jeden Tag ein Bild aussuchen und ein Wort aufschreiben sollte. Über die Wochen und Monate hinweg füllte sich diese Kladde, und man konnte gut die Lernfortschritte der einzelnen Kinder erkennen. Waren es am Anfang nur einzelne Buchstaben zu einem Bild, so wurden mit der Zeit hieraus lauttreue Wörter und später ganze Sätze. Für die Kinder war dieses Buch ein Schatz. Für mich bot es gute Einblicke in die Rechtschreibkompetenz der Kinder. Die Eltern konnten hier erkennen, wie ihre Kinder sich die Welt der Schrift Schritt für Schritt eroberten.

- Die ***Briefe*** an die Tobis, Pepe und Lulu sollten den Kindern den Kommunikationsbezug des Schreibens als Austausch von Erfahrungen und Wissen vermitteln. In den Briefen wurden aktuelle Themen aufgegriffen und Bezüge zum Sachunterricht hergestellt (Jahreszeiten, Leben ohne Strom, Fremde kommen in die Gruppe, mit Gefahren umgehen, Lernen und Arbeiten – früher und heute usw.). Die durchgehende Geschichte erleichterte den Kindern den Zugang, da sie sich nicht immer wieder auf eine neue Rahmenhandlung einzulassen brauchten. Die Personen und die Umgebung waren vertraut, und die einmal aufgebauten Fantasien konnten weitergeführt und mit aktuellen Erfahrungen und Interessen ergänzt werden.

  Leo und die Tigerente spielten in diesen Geschichten als Identifikationsfiguren eine wichtige Rolle. Sie lösten „probeweise" Konflikte und zeigten, dass Probleme beim Lernen zum Alltag gehören und gelöst werden können. Sie waren aber auch Vermittler zwischen der realen Schulwirklichkeit und der Fantasiegeschichte.

  Als Adressaten für die Briefe wurden bewusst imaginäre Figuren (und nicht die Lehrerin oder Mitschüler und Mitschülerinnen) ausgewählt. Die Kinder erfuhren so, dass das Schreiben von Briefen eine Möglichkeit ist, sich mit jemandem zu unterhalten, der nicht da ist. Wenn ich jemanden täglich sehe, dann kann ich vieles besser erzählen; hierfür brauche ich keine Schrift.
- Die selbst geschriebenen ***Bilderbuchgeschichten*** vermittelten den Kindern das Schreiben als eine Erzählform. Die Kinder erlebten den Unterschied zwischen dem Erzählen und Schreiben einer Geschichte. Bei den Erzählungen im Stuhlkreis konnte direkt nachgefragt werden. Das Gespräch wurde dann beendet und etwas Neues angefangen. Dagegen konnten sich die Kinder die aufgeschriebenen Geschichten zu den Bilderbüchern immer wieder vornehmen und lesen. Dabei entstanden eigene Fantasien und Weiterführungen.

Die Bilderbuchgeschichten machten den Kindern auch den Sinn der Rechtschreibung deutlich. Ziel und Wunsch war es, dass andere die eigene aufgeschriebene Geschichte lesen. Aber das ist nur möglich, wenn wir uns an einige gemeinsame Schreibregeln halten. Daher wurden die Geschichten der Kinder bei den Bilderbüchern noch einmal in die „Erwachsenenschrift" übertragen.
Die Auswahl der Bilderbücher wurde von Sprach- und Sachthemen (s. die Lehrpläne Sprache, Sachunterricht, Kunst) bestimmt (Freunde, Gefahren, Wetter, Jahreszeiten ebenso wie Malen, Schneiden, Gestalten usw.). Die Themen der Bilderbücher wurden immer auch fächerübergreifend genutzt.

- Das eigene Buch, das aus den ***Monatsbildern*** entstand, zeigte den Kindern am deutlichsten ihre eigene Lernentwicklung auf: von einzelnen Buchstaben über Wörter, kleine Sätze hin zu kurzen Geschichten. Die Beschreibungen der Kinder wurden sprachlich umfangreicher und rechtschriftlich immer besser an eine lauttreue Verschriftung der Sprache angepasst. Hier führte der „rote Faden" dazu, dass die Kinder sehr motiviert waren, immer umfangreicher und genauer zu „erzählen" (s. S. 131 f.).

Die Briefe an die Tobis, Pepe und Lulu, die Bilderbuchgeschichten und die Erzählungen zu den Monatsbildern geben einen Erzählrahmen für viele Schreibanlässe. Solche durchgängigen Geschichten geben den Kindern einen vertrauten Rahmen, der es ihnen ermöglicht, sich immer wieder schnell in die Geschichte hineinleben zu können. Diese Vertrautheit und Verlässlichkeit schafft den Freiraum, um die Geschichte immer weiter auszugestalten. Je vertrauter die Figuren und die Rahmenhandlung ist, desto mehr Ideen entstehen beim Schreiben.

Die Figuren und Geschichten müssen natürlich interessant sein und dem kindlichen Entwicklungsniveau entsprechen. Das sind sie vor allem dann, wenn sie für die Fantasien und Vorstellungen der Kinder möglichst offen sind. Flächenhafte Figuren, wie beispielsweise im Märchen, bieten die Möglichkeit, Seelenqualitäten, innere Erlebnisse und Konflikte zu projizieren. Schreiben wird somit auch zur „Probehandlung" für Lösungsmöglichkeiten.

Die in der ersten Klasse verwendeten Fantasiefiguren wie die Tobis, die Tigerente und Leo sowie die Bilderbuchfiguren waren offen für die Fantasien und Interpretationen der Kinder. Diese erfundenen Figuren konnten mit liebenswerten Eigenheiten und Schwächen „beseelt" werden. Sie boten genügend Spielraum, aktuelle Konflikte in der Klasse aufzugreifen und auch

Probleme und schöne Erfahrungen aus der Lebenswelt der Kinder mit einzubeziehen. Sie boten Hilfen und zeigten neue Handlungsmöglichkeiten auf. Damit wurde das freie Schreiben auch ein Stück Lebensbewältigung und Verarbeitung eigener Erlebnisse.

Der integrative und fächerübergreifende Bezug wurde bewusst beim freien Schreiben und nicht bei den Rechtschreibübungen hergestellt. Die Trennung von Schreiben und Lesen in seiner kommunikativen Funktion einerseits und den Rechtschreibübungen andererseits erleichterte es den Kindern, sich auf beides einzulassen. Die Übungen waren zielorientiert (Was will ich lernen?) und der Ertrag sollte messbar sein (Was habe ich gelernt?). Daraus entstand die Motivation zum Üben. Lernspiele und bunte Arbeitsblätter waren daher überflüssig und hätten die Konzentration auf das Wesentliche nur gestört. Im freien Schreiben wollten sich die Kinder mitteilen und schriftlich ausdrücken. Die Rechtschreibübungen (Hör-, Schreib- und Sehpass, Lernkartei, Abschreibtexte usw.) erlebten sie als hierauf ausgerichtete Notwendigkeit.

Damit wird ein Freiraum dafür geschaffen, die Rechtschreibübungen unabhängig von Sach- und Sprachthemen zu gestalten. Erst diese Unabhängigkeit ermöglicht es, differenzierte Übungen zur Verfügung zu stellen.

Hier ein Beispiel, wie die Kinder ihre Schreibkompetenz im Sachunterricht einbrachten. Im Unterricht wurde über Haustiere gesprochen. Ein Kind brachte eine Katze mit in die Schule, die vor einigen Wochen Junge bekommen hatte. Hieraus entstand folgende Geschichte:

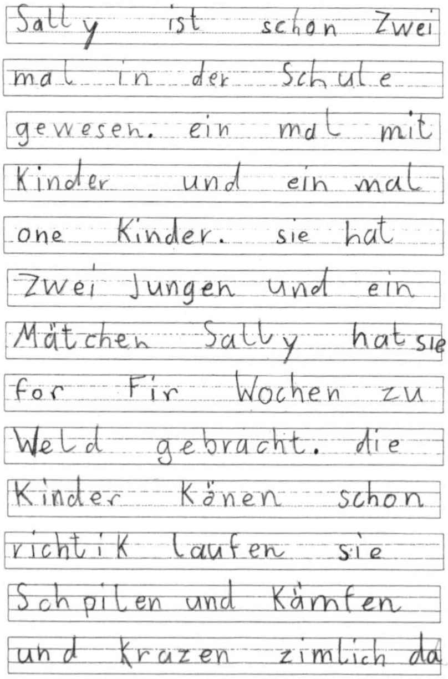

Mai – mittleres Leistungsdrittel

4 Lesen lernen – Lesetechniken und Sinnentnahme einüben

Leselernstufen

Lesen ist immer ein hypothesengeleiteter Prozess, der auf die Sinnerfassung eines Textes ausgerichtet ist. Je treffsicherer die Sinnerwartung ist, desto schneller kann ein Text gelesen werden (s. S. 70).

Voraussetzung für das Lesenlernen ist die Kenntnis von den Lautwerten der Buchstaben. Die Laute für sich genommen haben noch keinen Bedeutungsgehalt.

Erst über das ***Zusammenschleifen einzelner Laute*** zu einem verbundenen Klangbild wird eine Assoziation zu einem ähnlichen Klangbild eines Wortes und der hiermit verbundenen Bedeutung hergestellt (s. S. 70).

Eine erste Steigerung der Lesegeschwindigkeit wird dadurch erreicht, dass die Kinder häufig vorkommende ***Buchstabenfolgen*** und kurze ***Wörter*** direkt mit einem Blick erfassen und dem Sprechklangbild des Wortes zuordnen (also nicht erst synthetisierend erlesen, sondern das Wort sofort richtig sprechen).

Diese Kompetenz wird auf beliebige Buchstabenfolgen ausgedehnt. Die ***einfachen Silben*** (Konsonant-Vokal-Konsonant) erweisen sich hier als eine hilfreiche Gliederung des Wortes (s. S. 81).

Am Anfang ist es notwendig, dass die Kinder laut lesen. So kann das gehörte Klangbild mit einem bekannten Wort assoziiert werden. Sobald die Kinder die Silbe als Gliederung eines Wortes nutzen, erweist sich das laute Lesen als hinderlich. Wir sind in der Lage, den Sinn viel schneller zu erfassen, als wir das Wort sprechen können. Erst das ***stille Lesen*** führt zu einer weiteren Steigerung der Lesegeschwindigkeit. Hilfreich sind hierfür kurze einfache Sätze und kleine Texte mit einem großen Bedeutungsgehalt (s. S. 81 f.).

An kurzen Texten kann darauf aufbauend trainiert werden, die Hypothesenbildung ***(Sinnerwartung)*** weiter auszubauen, zu verbessern und zu beschleunigen. Hierzu eignen sich vor allem Sätze, in denen Wörter ergänzt werden müssen.

1. Lautsynthese(Wörter mit Dauerkonsonanten und Vokalen)
Einfache Laut-Buchstaben-Folgen
Zweisilbige Wörter (Dauerkonsonant an der Silbenfuge)
2. Syllabierendes Lesen
Dauerkonsonanten, zwei Konsonanten an der Silbenfuge
Plosiv am Wortanfang, Dauerkonsonant an der Silbenfuge
Plosiv an der Silbenfuge
3. Stilles Lesen
Einfache Sätze (Wortwiederholungen, geringer Wortschatz)
Kleine Texte (Wortwiederholungen, geringer Wortschatz)
Normale Texte

Ausrichtung der Aufmerksamkeit auf die Sinnentnahme

Besonders im Anfangsunterricht ist es wichtig, darauf zu achten, dass die Kinder sinnentnehmend lesen. Die Zuordnung von Lauten und Buchstaben, das Zusammenschleifen von Lauten, das Lesen eines Satzes, all dies bedarf am Anfang einer sehr hohen Konzentration und Anstrengung. Die Kinder wollen lesen können und sind oft damit zufrieden, wenn sie Buchstaben erkannt und in eine Lautfolge übertragen (gesprochen) haben. Vor allem dieses akustische Produkt bedeutet für sie Lesen-Können. Dabei vernachlässigen einige allzu leicht die Sinnentnahme. Dies gilt ganz besonders für jene Kinder, denen das Erlesen eines Wortes schwerfällt und viel Anstrengung abverlangt. Sie reihen häufig Laute aneinander, ohne zum gelesenen Wort eine Bedeutung zu assoziieren. Daher sind Übungen zur Ausrichtung der Aufmerksamkeit auf die Sinnentnahme von Beginn an wichtig. Im Folgenden werden die Übungen zu den Lesetechniken daher immer wieder ergänzt mit Übungen zur Sinnerfassung.

Übungen zur Lautsynthese

Dehnsprechen und Koartikulation

Wenn Kinder sich mithilfe der Anlauttabelle ein Wort erarbeiten, dann

- sprechen sie das Wort,
- achten auf den Laut am Wortanfang,
- suchen in der Anlauttabelle das passende Bild und
- kopieren den zugehörigen Buchstaben.

Nun geht der gleiche Vorgang von neuem los:

- Das Wort wird gesprochen,
- die Aufmerksamkeit auf den zweiten Laut ausgerichtet,
- das passende Bild gesucht und
- der zugehörige Buchstabe kopiert.

Da jeder bearbeitete Laut in Form des dazugehörigen Buchstabens festgehalten wird, braucht das Kind seine Aufmerksamkeit immer nur auf einen Laut auszurichten. Auch wenn das Kind noch nicht lesen kann, entsteht so Buchstabe für Buchstabe ein ganzes Wort. Der Schlüssel liegt also in der Reduzierung der Aufmerksamkeit auf einen einzelnen Laut. Und genau hierin liegt im umgekehrten Vorgang, dem Lesen, das Problem: Wenn ein Kind ein Wort mithilfe der Anlauttabelle lesen will, dann müsste es

- den ersten Buchstaben in der Anlauttabelle suchen,
- das zugehörige Wort des Anlautbildes sprechen,
- auf den Laut am Wortanfang achten und
- den Klang anhalten.

Wenn das Kind nun den Laut für den zweiten Buchstaben in gleicher Weise auf der Anlauttabelle bestimmen will, ist der Klang des ersten Buchstabens verloren. Es gibt keine Möglichkeit, diesen Klang irgendwie festzuhalten. Das ist der Grund, warum die Kinder die Anlauttabelle für das Erlesen eines Wortes nur begrenzt nutzen können. Zwar ist es möglich, sich den Lautwert eines einzelnen Buchstabens oder eines kurzen Wortes zu erschließen, bei längeren Wörtern versagt hier jedoch unser Gedächtnis.

Beim Lesenlernen müssen wir also nach anderen Möglichkeiten suchen, den Lautwert eines Buchstabens festzuhalten. Der Trick besteht zunächst darin, den Klang eines Lautes zu dehnen. Dies gelingt am leichtesten beim Schreiben. Die Kinder sprechen den Lautwert des zu schreibenden Buchstabens und halten dabei den Klang so lange an, bis der Buchstabe fertig geschrieben ist.

Indem die Hör-, Schreib- und Differenzierungsübungen zusammengebracht werden, bilden die Kinder eine feste Assoziation zwischen Laut und Buchstaben aus. Diese feste Verankerung ist die Voraussetzung für das Lesen.

Je sicherer diese Verankerung ist, desto schneller kann das Gehirn dem gesehenen Buchstaben einen Laut zuordnen und den Lautwert des Buchstabens sprechen. Und je schneller diese Zuordnung gelingt, umso ähnlicher wird die gesprochene Lautfolge dem bekannten Klang des Wortes. Hier hat J. REICHEN recht: Das Lesen folgt dem Schreiben und ergibt sich aus diesem fast selbstverständlich.

Am sichersten sind die festen Assoziationen zwischen einem Buchstaben und seinem Klangwert (besser: den Klangwerten) herzustellen, wenn der Laut beim Schreiben mitgesprochen wird. Das Mitsprechen beim Schreiben führt am schnellsten zum Lesen. Daher wird auf das Mitsprechen beim Schreiben von Beginn an besonders geachtet.

Um die Kinder zum Mitsprechen anzuregen und ihnen ein Vorbild zu geben, ist es wichtig, vom ersten Schultag an selbst immer laut mitzusprechen, wenn man etwas an die Tafel schreibt. So zeigt man den Kindern, dass die Sprache die Quelle des Schreibens ist und gibt zugleich ein Vorbild dafür, wie die Sprache für das Schreiben genutzt wird. Auf das Mitsprechen beim Schreiben sollte man bei Tafelanschriften nie verzichten. Damit bekommen die Kinder auf Dauer ein Gespür dafür, wie das Mitsprechen klingen muss.

Das beim Scheiben gedehnt gesprochene Wort klingt anders als in der normalen Sprache. Die Kinder müssen eine feste Assoziation aufbauen, welches Wort gemeint ist. Hierfür ist es wichtig, das gedehnt gesprochene Wort anschließend immer noch einmal in normaler Sprache zu wiederholen (auch bei Tafelanschriften).

Laute zu einem Wort zusammenfügen

Die Aneinanderreihung von Buchstabenklängen lässt etwas anderes entstehen als den Klang des bekannten Wortes. Die Bildung von Assoziationen zwischen gedehnt gesprochenen Lautfolgen und dem Klang eines bekannten Wortes ist die eigentliche Leistung, die ein Kind am Anfang des Leselernprozesses erbringen muss.

Über das Mitsprechen bildet sich die Erfahrung, dass ein Wort auch „anders“ (gedehnt) gesprochen werden kann und wie das Wort dann klingt. Wenn nun die Kinder ein Wort erlesen, können sie auf diese Erfahrung zurückgreifen und die passenden Wörter assoziieren.

Man kann diesen Prozess beschleunigen, wenn die Kinder Wörter zu lesen bekommen, die auf diese Weise zu dehnen sind. Hierfür kommen vor allem Wörter infrage, die keine Plosivlaute enthalten, also nur aus Vokalen und Dauerkonsonanten bestehen. Bereits während der ersten Schulwochen können die Kinder üben, solche Wörter zu erlesen.

Beispielwörter:

1. Einfache Laut-Buchstaben-Folgen (Dauerkonsonanten, Vokale)
   Esel, lesen, lila, Lisa, losen, Löwe, malen, Mama, Melone, Möwe, Name, Nase, Ofen, Oma, Rasen, rosa, Rose, Rosine, rufen, Salami, Sofa, Ufer, Wal, Ware

2. Diphthonge (au, ei, eu)
   Ameise, Eiche, eilen, Eimer, Eisen, Eule, Fach, faul, fein, Fisch, lachen, laufen, Laune, Laus, Leine, leise, Loch, Maurer, Maus, Meise, neun, raufen, Raum, reich, Reifen, reisen
3. Laute, die durch Buchstabenfolgen abgebildet werden (ch, sch) und Konsonantenfolgen
   Schaf, Schale, Schere, schön, Schule, Seife, Seil, suchen, Wäsche, weich, weinen, Woche, Amsel, einsam, fern, Film, flach, Fleisch, Fluch, fluchen, Flur, frech, frisch, Frisur, Frosch, fünf, Insel, lächeln, Lärm, lernen, Linse, Masern, Mauer, Mensch, Milch, normal, scharf, Schilf, Schirm, Schlaf, schlau, schmal, Schnur, Schrei, schwer, warm, werfen, Wolf, Würfel, Wurm, Wurst, Zeit

Einführung der Lautsynthese

Medien: Brief von der Tigerente, Tageslichtschreiber, Lesepfeil (farbig und transparent)

An einem der ersten Schultage liegt eine seltsame Post im Briefkasten (Brief auf Folie). Der Brief wird auf den Tageslichtschreiber gelegt. Die Kinder fangen an, Buchstaben oder Wörter zu erraten. Die Kinder werden vermutlich sofort darauf kommen, dass das die Tigerente in den Briefkasten gelegt hat. Außerdem hat die Tigerente einen seltsamen Pfeil mitgeschickt, einen Lesepfeil.

Die Lehrerin deckt mit dem Lesepfeil einen Buchstaben auf. Die Kinder lassen den Buchstaben so lange klingen, bis der nächste Buchstaben aufgedeckt wird. Dann lesen sie den nächsten Buchstaben.

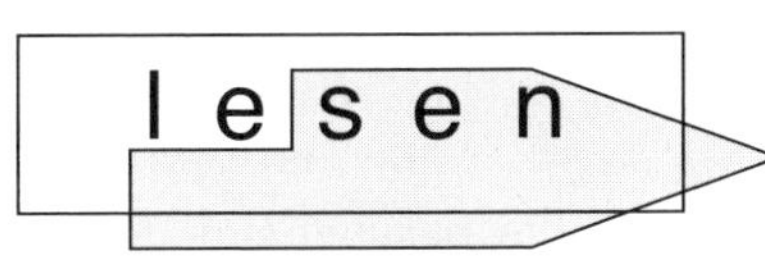

Die Kinder lesen im Klassenverband Wort für Wort. Die Lehrerin deckt Buchstabe für Buchstabe mit dem Lesepfeil auf und liest laut mit.

Reflexion

Laute Leseübungen mit der ganzen Klasse helfen vor allem den Leistungsschwachen. Sie bekommen von den anderen Kindern mit, wie das Anhalten des Lautes klingt und können sich von dem „Rhythmus" mittragen lassen. Deshalb habe ich in den ersten Wochen immer wieder Leseübungen mit dem Lesepfeil am Tageslichtschreiber durchgeführt. Als Wörter habe ich Wörter verwendet, die nur aus Dauerkonsonanten und Vokalen (s. o.) bestanden.

Erlesen von Wörtern

Von diesen anfänglichen gemeinsamen Leseübungen zum selbstständigen Erlesen von Wörtern ist es für die Kinder ein großer Schritt. Hier braucht man viel Fingerspitzengefühl, um die Übungen immer wieder an den aktuellen Lernstand der Kinder anzupassen. Dabei ist es hilfreich, wenn das Wortmaterial auf die erste Lesestufe (Vokal – Dauerkonsonant) beschränkt bleibt. Damit sich die Kinder immer wieder an das Erlesen von Wörtern herantrauen, sind *in diesem Falle* abwechslungsreiche Leseaufgaben wichtig.

Ich habe versucht, den Kindern auf unterschiedliche Weise Leseaufgaben zu stellen. Die verschiedenen Aufgaben habe ich mit den Kindern gemeinsam eingeführt und die Übungen dann in Lesestationen bearbeiten lassen:

- Karten mit einzelnen Lesewörtern
- Karten mit Lese- und Malaufträgen
  Diese Übungen wurden in Partnerarbeit durchgeführt. Hierdurch ergab sich auch eine Selbstkontrolle.
  Die Kinder notierten auf einem Blatt Papier die Nummer des Malauftrages und skizzierten dann kurz das Lösungswort.
  Auf einem Protokollbogen konnten sie die bearbeiteten Karteikarten durchstreichen.

1 Esel	1 lesen
1 Löwe	1 lila

14

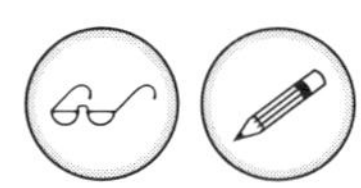

Male einen Fisch.

- Lese- und Malgeschichten als kopierte Arbeitsblätter
  Die Kinder lasen die Texte mit dem Lesepfeil. Die Malaufträge wurden von den Kindern nur skizzenhaft ausgeführt. Bei diesen Übungen war es ihnen offensichtlich nicht wichtig, schöne Bilder zu malen (was ich anfangs befürchtet hatte). Es reichte ihnen, wenn zu erkennen war, dass sie den Text gelesen und verstanden hatten. Hin und wieder streute ich auch ein einzelnes schwierigeres Wort ein (wie z. B. „Prima" = Plosivlaut am Wortanfang), um beobachten zu können, wie weit die Kinder in ihrer Leseentwicklung waren. An diesen schwierigen Stellen konnte man sehr gut beobachten, wie die Kinder immer wieder neu ansetzen mussten, um das Wort zu entschlüsseln.

Reflexion

Dieser Übergang von den gemeinsamen Leseübungen am Tageslichtschreiber über die Lesestationen zu den selbstständigen Übungen mit der Lesekartei erscheint im Nachhinein besonders wichtig. Er gab den Kindern Gelegenheit, in Partnerarbeit das Lesen und den Umgang mit dem Lesepfeil zu erproben.

Zunächst hatte ich bei den Lesekarten verschiedene Aufträge aufgeführt (z. B. „Suche eine Rosine auf dem Flur"). Diese Suchaufträge haben sich nicht bewährt. Es war ganz offensichtlich, dass die Kinder lesen und nicht irgendetwas suchen wollten. Deshalb verzichtete ich ganz auf solche Such- und Arbeitsaufträge und beschränkte mich auf Malaufgaben. Die Kinder skizzierten ganz knapp den Begriff. Es reichte ihnen, kenntlich zu machen, was sie gelesen hatten. Diese Reaktion der Kinder zeigte ganz deutlich, wie zielorientiert sie zu diesem Zeitpunkt bereits arbeiteten. Ihr Ziel war zu lesen und alles andere beschränkten sie auf das Notwendigste.

Nachdem den Kindern das Erlesen von Wörtern auf der ersten Lesestufe weitgehend gelang, konnten sie das Erlesen von Wörtern auf den anderen Lesestufen weitertrainieren.

Lesekartei

Um auch bei den Leseübungen die Kinder zu selbstständigem Arbeiten anzuleiten, habe ich für die Lautsyntheseübungen eine Kartei mit „Lesewörtern" genutzt. Zu dieser Lesekartei gibt es ein Lösungsheft, das ein weitgehend selbstständiges Arbeiten ermöglicht. Für die Übungen zur Lautsynthese eignen sich die ersten vier Schwierigkeitsstufen:

1 Einfache Laut-Buchstaben-Folgen (Dauerkonsonanten und Vokale)

Das ist ein | Esel |.

2 Dauerkonsonanten, Vokale, Diphthonge, sch, ch; einsilbige Wörter

In der Hose ist ein | Loch |.

3 Dauerkonsonanten, Silben

Ich wasche mich mit | Sei, fe |.

4 Dauerkonsonanten, Vokal-/Konsonantenfolgen an der Silbenfuge – lange Wörter

Der | Fel, sen | ist sehr hoch.

Später kommen die weiteren Schwierigkeitsstufen hinzu:

5 Plosiv am Wortanfang, Dauerkonsonant an der Silbenfuge

> Kannst du das Wort [Be|sen] lesen?

6 Plosiv an der Silbenfuge (t, k, p)

> Ich gehe auf die [Lei|ter] und steige immer weiter.

7 Plosiv an der Silbenfuge (b, g, d)

> Auf der Laube watschelt eine [Tau|be].

8 Konsonantenfolge an der Silbenfuge, Sp, St

> Mit der [La|ter|ne] schaue ich die Sterne.

9 Nicht hörbare Laute im Wortinneren (V-r-K)

> Ein Wurm ist in der [Gur|ke]. So ein Schurke!

10 Nicht hörbare Laute im Wortinneren (Doppelkonsonant)

> Im [S ess el] hat Tante Lotte eine Motte.

> [1] (1)
>
> Das ist ein [E s e l].

Auf der Vorderseite einer Karteikarte ist das Lesewort im Satzzusammenhang aufgeschrieben. Die Lupe verweist auf die Seite im Lösungsheft, auf der das Lösungswort abgebildet ist („Esel"). Die Kinder notieren den dazugehörigen Lösungsbuchstaben. Jeweils vier Lösungsbuchstaben ergeben in der richtigen Reihenfolge das Lösungswort.

Die Lösungswörter passen zur jeweiligen Leselernstufe und können somit von den Kindern selbstständig erlesen werden. Über diese Selbstkontrolle sind die Kinder in ihrem Üben unabhängig von der Lehrerin.

Einführung

Medien: Lesekartei, Lernstufe 1 für jedes Kind, ein Lösungsbuch und ein Protokollheft

Die Kinder haben in den letzten Tagen viele Übungen mit dem Lesepfeil gemacht. Sie haben

- gemeinsam am Tageslichtschreiber gelesen und
- mit dem Lesepfeil eine Reihe von Wörtern erlesen.

Nun lernen sie eine neue Übung kennen, die sie auch alleine durchführen können.Dafür brauchen sie einen Bleistift, einen Lesepfeil und den Protokollbogen im Lesepass. – Jedes Kind bekommt außerdem einen Kartensatz mit Lesewörtern und ein Lösungsbuch. Mit dem Lesepfeil erlesen die Kinder das Wort auf der ersten Lesekarte, wie sie es in den letzten Tagen geübt haben.

Die Lehrerin sollte im Rundgang durch die Klasse bei den Kindern mit Schwierigkeiten kontrollieren, ob die Arbeit mit dem Lesepfeil richtig durchgeführt wird. *Oben auf der Karteikarte seht ihr eine Lupe. In der Lupe steht eine Zahl. Nehmt einmal das Lösungsheft und schlagt die Seite mit der Lupenzahl auf. – Nun sucht das passende Bild zu dem Wort, das ihr ge-*

lesen habt. In den Lesepass tragt ihr den Buchstaben ein, der neben dem Bild eures Lösungswortes steht.

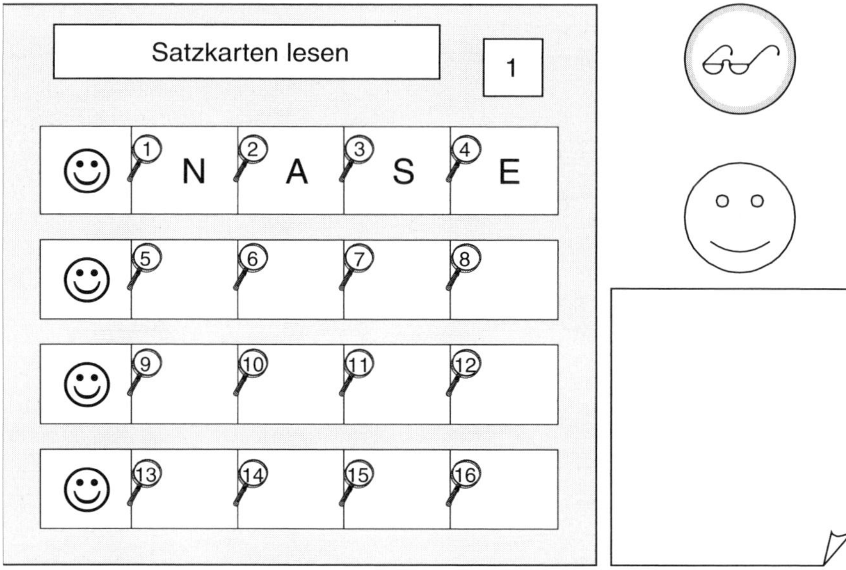

Die Lehrerin überprüft, ob die Kinder den Buchstaben im Lesepass an der richtigen Stelle eintragen. Danach wird es mit der zweiten Lesekarte genauso gemacht.

Reflexion

Die Arbeit mit der Lesekartei kann mit der ganzen Klasse oder mit einer kleinen Lerngruppe eingeführt werden. Ich habe die Lesekartei zunächst als weitere Lesestation mit jenen Kindern eingeführt, denen das Erlesen einfacher Wörter gut gelang.

Mit der Lesekartei haben die Kinder nicht nur gern, sondern auch sehr ausdauernd gelernt. Ich hatte ihnen gesagt, dass sie alles lesen könnten, wenn sie diese Kartei durchgearbeitet hätten. Und genau so war es dann auch. Schon bei den Lernstufen 6 bis 8 fingen die Kinder an, nicht nur die Lesewörter, sondern die ganzen Sätze der Lesekartei zu erlesen. Allerdings musste ich bei einigen Kindern darauf achten, dass sie nicht zu eilig voranschritten. Ich setzte mich hin und wieder daneben und hörte mir an, wie sie die Wörter erlasen. Auch ließ ich einige Kinder eine Lernstufe wiederholen, wenn sie im Protokollbogen falsche Lösungswörter aufgeschrieben hatten. Diese „strenge“ Vorgehensweise führte dazu, dass sie mit großer Konzentration an die Leseaufgaben herangingen und die Wörter auch wirklich erlasen.

Jede Lesestufe, die sich die Kinder „eroberten", motivierte zum Weiterlernen. Die Kinder merkten selbst, wie sie im Lesen sicherer wurden. Immer wieder kam es vor, dass sich ein Kind Karten der schwierigen Lernstufe 8 bis 10 heraussuchte. Dabei merkten sie selbst, dass diese Wörter noch zu schwierig waren und nicht gelesen werden konnten. Ich ließ die Kinder hierbei gewähren. Alle gingen anschließend zu ihrer Leselernstufe zurück. Sie hatten gelernt, dass ein Durcharbeiten der verschiedenen Lernstufen notwendig ist, um richtig lesen zu können und waren nun umso motivierter, jede einzelne Karte genau zu bearbeiten.

Nachdem die Kinder die Lesekartei durchgearbeitet hatten, konnten sie weitgehend alles lesen.

Hausaufgaben

Am Anfang habe ich auf Lesehausaufgaben verzichtet, weil ich nicht ausschließen konnte, dass die Eltern oder Geschwister den Kindern Wörter vorlesen. Die Kinder hätten dann vorgelesene Wörter auswendig gelernt, statt sie selbstständig zu erlesen. Erst als sie die Wörter aus der Lesekartei selbstständig erlesen konnten, habe ich kurze lauttreue Texte (Abschreibtexte mit Fragen zur Sinnentnahme) zum Erlesen als Hausaufgabe aufgegeben. Ihre geübten Texte lasen die meisten Kinder gerne im Klassenverband laut vor. Dabei habe ich natürlich darauf geachtet, dass niemand zum lauten Vorlesen gedrängt wurde und dass die Texte vorher schon gelesen waren.

Erstlesebücher

Für die meisten Kinder ist Lesen erst richtiges Lesen, wenn sie ein Buch lesen können. Kleine Lesebücher haben im Vergleich zur Lesekartei den Vorteil, dass hier eine ganze Geschichte entwickelt werden kann. Hierdurch wird die Aufmerksamkeit der Kinder besonders gut auf die Sinnentnahme ausgerichtet.

Bei den meisten Erstlesebüchern werden die verschiedenen Schwierigkeitsstufen des Leselernprozesses nicht berücksichtigt. Die Lesebuchreihe „Graf Orthos Lesetruhe" orientiert sich konsequent an den Lesestufen. Sie kann daher parallel zur Lesekartei eingesetzt werden.

Beispielgeschichte zur zweiten Lesestufe. Die gesamte Geschichte besteht aus einfachen Wörtern mit Dauerkonsonanten und Vokalen:

Nachdem die Kinder diese ersten kleinen Lesebücher selbstständig lesen konnten, entwickelten sie einen großen Eifer, die Lesekartei weiter durchzuarbeiten, um die nächsten Bücher lesen zu können.

Niko und Opa sind im Wald.
Niko und Opa suchen Sachen für Nikos Schule.

Opa ruft: Schau eine Feder!
Jch habe eine Eichel!

Niko und Opa laufen weiter und finden eine alte Eiche.

Schau mal ein Jgel mit Familie!
Jgel mögen Würmer und Raupen.

Jn so einem Haufen leben Ameisen.

Niko und Opa hören auf einmal eine Eule. Leise! Leise!

Jm Wald ist es schön!

Übungen zum syllabierenden Lesen

Zur Steigerung der Lesegeschwindigkeit sind als Übungsmaterial Lesetexte besonders geeignet, die mit kleinen Markierungen an der Silbenfuge versehen sind. Die Kinder benutzen hierfür wieder ihren Lesepfeil, den sie bei längeren Wörtern bis zur Silbenmarkierung schieben. Auf diese Weise lernen sie, längere Wörter zu untergliedern. Am Anfang sollte man darauf achten, dass die Kinder die Wörter, die sie noch nicht flüssig lesen können, noch einmal in „normaler Sprache" wiederholen.

L – 1 – Nr. 6

Liˌsa und Leˌon schlaˌfen noch.
Opa ruft:
Auf zur Schuˌle!
Liˌsa und Leˌon laufen los.
Da lacht Opa laut:
Heuˌte ist frei!
So ein Schelm.

Waˌrum ist Opa ein Schelm?

MH 28 Wörter 106 Zeichen

Die Kinder werden zu sehr unterschiedlichen Zeiten mit der Lesekartei fertig. Dies zwingt dazu, die Lesetexte zum syllabierenden Lesen differenziert einzuführen. Meist wird man mit einer kleinen Gruppe beginnen. Dies hat den Vorteil, dass man sich auf einzelne Kinder konzentrieren und das Lesen eines Textes mit dem Lesepfeil so gezielt einüben kann, bis die Vorgehensweise sicher beherrscht wird. Das ist nur möglich, weil die anderen Kinder in der Trainingsstunde inzwischen gelernt haben, selbstständig zu arbeiten und die Hilfe der Lehrerin nicht mehr nötig haben.

TL 1 – Nr. 1

Hoch in den Berˌgen
ist ein kleiˌnes Dorf.
Nur weˌniˌge Menˌschen leˌben dort.
Sie halˌten Schaˌfe,
Küˌhe und eiˌniˌge Rinˌder.
Die Ernˌte auf dem karˌgen Boˌden
reicht geˌraˌde
für den eiˌgeˌnen Beˌdarf.
Die Menˌschen arˌbeiˌten hart
und sind beˌscheiˌden.
Nur selˌten
steiˌgen sie ins Tal hiˌnunˌter,
um notˌwenˌdiˌge Dinˌge
einˌzuˌkauˌfen.

Fragen zum Text:
Wo ist das Dorf?
Wie leben die Menschen dort?

Silben: 86 Wörter: 50 Zeichen 257
BF einsilbig = 25; zweisilbig = 16; mehrsilbig = 9; Plosiva = 24

Weiterführung

Schnelles Lesen ergibt sich nicht allein daraus, dass Kinder viel lesen. Wie schnell jemand lesen kann, hängt ab von der angewandten Lesetechnik und vor allem davon, inwieweit es gelingt, vorausschauend (hypothesenbildend) zu lesen.

Nachdem einzelne Kinder die Lesetexte durchgearbeitet haben und schon kleine Hefte und Bücher lesen, kann das syllabierende Lesen noch einmal aufgegriffen werden (für die meisten erst in Klasse 2). Dazu werden schwierigere Texte zur Verfügung gestellt.

Bevor die Kinder mit diesen Lesetexten zu üben beginnen, sollen sie einen unbekannten Text auf Tonband lesen. Später, nach Abschluss der Übungen mit den Lesetexten, lässt man sie noch einmal einen unbekannten Text auf Tonband lesen (gleiche Schwierigkeitsstufe). Beide Texte werden zum Vergleich vorgespielt. Die Erfahrung „Was konnte ich vor zwei Monaten und was kann ich jetzt" ist gerade für Leseübungen besonders wichtig, da der Lernerfolg beim Training zum schnellen Lesen sonst nicht ausreichend wahrgenommen wird. Auf diese Weise kann die Motivation zum Weiterarbeiten aufrechterhalten werden.

Bei der Erprobung dieser Leseübungen hat sich gezeigt, dass die Kinder ihre Lesegeschwindigkeit deutlich steigern konnten.

Texte und Bücher lesen

Lesefreude und Lesetechnik

Das freie Schreiben steht im Mittelpunkt des Schreiblernprozesses. Die Rechtschreibübungen führen dazu, dass die Kinder zunehmend das, was sie schreiben wollen (die Ideen im Kopf), auch schreiben können. Ähnlich ist es auch beim Lesenlernen. Die Übungen zu den Lesetechniken (Lautsynthese, syllabierendes Lesen, Sinnerfassung usw.) führen dazu, dass die Kinder auch Leselust entwickeln und mit Genuss lesen können. Die Freude am Lesen wächst mit dem Können. Wem es schwerfällt, ein Wort, einen Satz, einen Text zu lesen, der wird auch keine rechte Leselust entwickeln. Von Beginn an muss beides im Unterricht aufgegriffen werden: das Training von Lesetechniken und die Entwicklung von Lesefreude.

Vorlesen

Solange Kinder noch nicht lesen können, ist es Aufgabe der Lehrerin, sie zum Lesen zu verlocken. Hierzu gehören vor allem Vorlesestunden. Beim Vorlesen von kurzen Geschichten und Büchern entstehen Bilder und Gefühle, die mit eigener Fantasie weitergeführt werden können. Indem Kinder durch die vorgelesenen Geschichten emotional angesprochen werden, verarbeiten sie Ängste und Sorgen, erleben aber auch Glück und Zufriedenheit; sie fiebern mit, wenn den Figuren in der Geschichte etwas Gefährliches droht und freuen sich und sind entspannt, wenn die Gefahr vorüber ist. In diesem direkten Erleben, in der Übertragung auf die eigene Geschichte, im Erfahren von alternativen Verhaltensmustern, im Aufbau von Vorbildern, Idealen und Normen liegt der Reiz des Lesens. Der Grundstein hierzu wird durch das Vorlesen gelegt. Und deshalb ist das Vorlesen ein wichtiger Bestandteil des Unterrichtes – und zwar nicht nur im Anfangsunterricht.

Lesegemütlichkeit

Lesen ist eine Frage der Konzentration. Wenn ich mich in eine Geschichte vertiefen will, muss ich alles um mich herum ausblenden. Kinder lernen dies beim Spielen – und beim Zuhören, wenn vorgelesen wird (und natürlich auch beim Kassette hören usw.). Doch nicht alle Kinder haben diese Konzentration bereits, wenn sie in die Schule kommen. Sie haben keine Erfahrung im Zuhören, sie können keine „Bilder" im Kopf entstehen lassen, weil sie Geschichten immer in Bildern im Fernsehen und Video vorgespielt bekommen haben. Ihnen muss erst Gelegenheit gegeben werden, Konzentration zu lernen, zu erfahren, dass man Bilder im Kopf auch selbst herstellen kann.

Es gibt Erwachsene, die können sich auf einer Bank im Einkaufsgetümmel der Innenstadt in ein Buch vertiefen. Kinder können dies noch nicht. Die „bunten Farben im Kopf" entstehen beim Lesen wie beim Vorlesen nur dann, wenn die Umgebung und die eigene Konzentration dies zulassen. Zum Lesen und Vorlesen gehört daher das Herstellen einer entsprechenden Atmosphäre: eine Lesegemütlichkeit. Auch hier helfen Rituale und Regeln:

- In der Weihnachtszeit die Kerze auf den Schülertischen
- Leise ruhige Musik im Hintergrund
- Die kuschelige Leseecke
- Der Leseteppich, auf dem man sich bequem „flezen/krümeln" kann
- Die Vorlesestunde am Freitag zum Wochenabschluss …
- … und/oder am Montag zum Wochenbeginn (Warum muss eigentlich die Schulwoche immer mit der Besprechung der Wochenendprobleme beginnen? Warum nicht einen eigenständigen positiven Wochenanfang setzen, z. B. durch eine schöne Vorlesegeschichte oder Fortführung der spannenden Geschichte, mit der wir am Freitag aufgehört haben? Die Schule als etwas Eigenständiges und Schönes erlebbar zu machen hilft vor allem den Kindern, die außerhalb der Schule nicht viel Schönes erleben dürfen! Das heißt nicht, dass wir ihre Erlebnisse ignorieren und nicht mit ihnen darüber sprechen. Aber wir setzen ihnen in der Schule positive Erfahrungen entgegen, an denen sie auch etwas anderes erfahren können.)

- Die Vorlesestunde am Kindergeburtstag mitten in der Woche als etwas Besonderes etablieren. (Lassen Sie das Geburtstagskind entscheiden, welche Viertelstunde ausfallen und welche zur Vorlesestunde werden soll. So erfahren Sie viel mehr von den Vorlieben der Kinder als durch Befragungen.)

Das Herstellen von Lesegemütlichkeit ist ein wichtiger Lernschritt zum Aufbau von Konzentration und Leselust. Natürlich gibt es Klassen, in die passt kein Sofa und kein Teppich, sie sind einfach zu klein. Es gibt aber keine Klasse, die nicht gemütlich gemacht werden könnte, zum Vorlesen und zum Selberlesen.

Lesen mit Herz und Verstand

Solange die Aufmerksamkeit der Kinder durch die Anwendung von Lesetechniken (z. B. Zusammenschleifen) gebunden ist, fällt es noch schwer, gleichzeitig ein direktes Verstehen herzustellen. Die Kinder wiederholen das Wort oder den kurzen Satz, um das Gelesene verstehen zu können. Das intuitive gefühlsmäßige Erfassen eines Textes setzt die Automatisierung der Lesetechniken und das direkte Verstehen des Gelesenen voraus. Erst jetzt können sich die Kinder in eine Geschichte auch „einleben". Das ist der Grund, warum dem Lesetraining am Anfang (und nicht nur am Anfang) ein so großer Stellenwert eingeräumt wird.

Dabei ist dies nicht als Schrittfolge zu verstehen. Bei jedem Lesen wird zugleich immer auch auf Sinnentnahme geachtet (und nicht nur auf die perfekte Beherrschung einer Technik). Hierzu werden die Lesetexte mit offenen Fragen versehen, die die Kinder beantworten (s. die Beispiele S. 9 ff.).

Erfahrungen mit Lesekisten

Vom ersten Schultag an standen Leseangebote in den Regalen. Es waren Bilderbücher, Vorlesebücher, Bücher für Leseanfänger, aber auch Texte ohne Bilder (laminierte DIN-A4-Seiten) und Sachbücher. Die Bilderbücher wurden am Anfang gerne zum „Schmökern" genutzt. Für die Kinder, die keine Bücher- und Vorleseerfahrungen mit in die Schule brachten, war dies besonders wichtig. Sie konnten sich auf diese Weise langsam mit Büchern vertraut machen und das nachholen, was für andere bereits selbstverständlich war. Leistungsstarke Kinder versuchten schon recht bald, einzelne Wörter in den Bilderbüchern zu erlesen. Sie konnten die Bilder als Korrektiv nutzen *(das kann nicht „Mann" heißen, das muss „Maus" heißen).*

Irgendwann beherrschen die Kinder die Lesetechnik so weit, dass sie von sich aus auf Bücher mit mehr Text zugingen. Sie begannen, die ersten kleinen Bilderbücher selbstständig zu erlesen. Mit wachsender Lesekompetenz spielte der inhaltliche Aspekt beim Lesen zunehmend eine Rolle. Dabei waren die Lesemotive und Interessen der Kinder recht unterschiedlich. Einige ließen sich von schönen Bildern zum Lesen animieren, andere griffen eher nach kleinen dünnen Heften, und wiederum andere interessierten sich vor allem für die Sachbücher. Hier zeigte sich, dass es wichtig und richtig war, von Beginn an ein breites Leseangebot bereitzuhalten.

In der Gunst der Kinder wurden alle von mir ausgewählten Bücher von den eigenen Geschichtenbüchern geschlagen (s. S. 26). Schreiben heißt: sich mitteilen – und lesen bedeutet: etwas von anderen erfahren. Die Wahl der Kinder zeigte deutlich, dass sie etwas zu sagen haben und dass sie etwas voneinander erfahren wollen.

In den ersten drei Monaten hatten die meisten Kinder die Bücherkisten in den Regalen weitgehend ignoriert. Das änderte sich mit einem Male fast schlagartig, als die Kinder die Lesekartei weitgehend bearbeitet und über die Erstlesebücher „Graf Orthos Lesetruhe" Erfahrung mit Büchern gesammelt hatten: Die Kinder lasen alles, was sie an Leselektüren in der Klasse vorfanden, und ich hatte das Gefühl, von kleinen Leseratten umgeben zu sein.

Aus den kleinen täglichen Vorlese(viertel)stunden wurden Lesestunden. Die beim Vorlesen „ritualisierte" Leseatmosphäre und Lesegemütlichkeit übertrug sich auf die Lesestunden. Die Kinder schmökerten in den Büchern.

Manche saßen zu zweit oder zu dritt über einem Buch und lasen gemeinsam. Sie tauschten Bücher untereinander aus oder lasen sich gegenseitig Texte vor.

Die meisten Kinder lasen am liebsten für sich alleine und suchten sich dazu ein Plätzchen in der Klasse oder draußen auf dem Flur.

Für einige Kinder war es lange Zeit wichtig, Zeit zu haben und sich die Bilder in den Büchern einfach nur anzuschauen. So konnten sie sich erst einmal mit Büchern vertraut machen, die bis dahin nicht zu ihrer Lebenswelt gehörten. Über die Bilder lernten sie, sich in eine Geschichte hineinzuleben und eigene Bilder in der Fantasie entstehen zu lassen. Ich habe diese Kinder bewusst zum „Bilderschmökern" ermutigt, damit auch sie Leselust entwickeln konnten.

Erstaunlicherweise griffen viele Kinder am liebsten zu solchen Erstlesebüchern, die fast überhaupt nicht bebildert waren. Sie vertieften sich beim Lesen oft so sehr in ihr Buch, dass sie alles um sich herum vergaßen. Vermutlich sind es gerade die fehlenden oder wenigen Bilder, die bei einigen Kindern die Fantasie dann besonders gut anregen, wenn sie bereits gelernt haben, eigene Bilder entstehen zu lassen.

Das Lesetagebuch für Leseratten

In den Lesestunden führte gerade die Vielfalt der Leseangebote dazu, dass jedes Kind seinem Lernstand und seinem Interesse gemäß etwas Interessantes für sich fand. Um selbst den Überblick nicht zu verlieren und um sicherzustellen, dass „mit Herz und Verstand" gelesen wurde, sollten die Kinder ein Lesetagebuch (Bertschi-Kaufmann 1998) führen. Dort konnte jedes Kind den Autor und den Titel eines gelesenen Buches protokollieren. Außerdem hatten die Kinder die Aufgabe, noch etwas zum Inhalt des Buches zu schreiben oder zu malen. Das Lesetagebuch hatte auch die Funktion, für die Kinder zu dokumentieren, was sie schon alles gelesen hatten.

Die Kinder arbeiteten an ihren Lesetagebüchern zunächst unterschiedlich motiviert: Für einige Leseratten war es eher lästig, nach jedem gelesenen Buch Protokoll zu führen. Sie wollten viel lieber sofort das nächste Buch lesen und waren gespannt auf neue Inhalte.

Es gab aber auch eine Reihe von Kindern, die sich noch nicht so gut auf die Inhalte des Gelesenen konzentrieren konnten. Für sie war das Erlesen von kleinen Büchern eher mühselig, weil sie noch stark mit der Lesetechnik beschäftigt waren. Insbesondere diese Kinder schätzten das Lesetagebuch als einen wichtigen Nachweis für das, was sie schon alles geschafft hatten. Außerdem wurden sie durch das Lesetagebuch daran erinnert, auf das Leseverständnis zu achten; denn zu dem Inhalt des Buches sollten sie ja noch etwas schreiben oder malen.

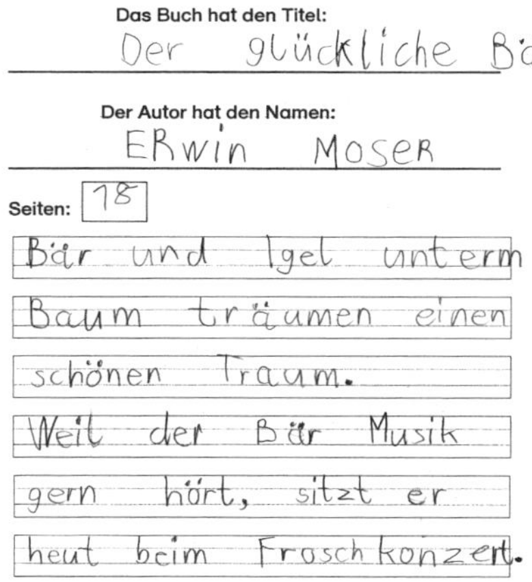
Das Buch hat den Titel:
Der glückliche Bär
Der Autor hat den Namen:
ERwin MoseR
Seiten: 18
Bär und Igel unterm
Baum träumen einen
schönen Traum.
Weil der Bär Musik
gern hört, sitzt er
heut beim Froschkonzert.

Viele Kinder schrieben in ihr Lesetagebuch einen kurzen Textabschnitt aus dem gelesenen Buch ab. Einerseits hatten sie gerade die Abschreibtechnik gelernt und konnten sie hierbei sinnvoll einsetzen. Andererseits kann von Kindern in der ersten Klasse noch keine Inhaltsbeschreibung oder Zusammenfassung erwartet werden. Ich bin sicher, dass dieses Abschreiben eine Vorstufe für das Verfassen von Zusammenfassungen ist. Denn die Stellen, die sich die Kinder zum Abschreiben aussuchten, waren offensichtlich auch jene Stellen, die für sie von besonderer Bedeutung waren. Ich habe mir zu einzelnen Büchern immer wieder erzählen lassen, was in dem Buch interessant sei. Was die Kinder als besonders spannend oder interessant schilderten, waren meist genau die Stellen, die sie auch in das Lesetagebuch geschrieben hatten. Dabei waren sie durchaus in der Lage, den Inhalt des ganzen Buches wiederzugeben.

Leseprotokoll im Internet

In vielen Klassen steht heute ein Computer mit Internetanschluss zur Verfügung. Nutzen Sie die Internetangebote von „Antolin" (www.antolin.de) oder dem „Lesepirat" (www.lesepirat.de), um die Kinder Lesetagebücher führen zu lassen. In diesen Programmen können Lehrerinnen und Lehrer für ihre Klasse eine Datenbank anlegen. Für die Schülerinnen und Schüler der Klasse werden Konten angelegt, auf denen die Kinder selbst die gelesenen Bücher eintragen können. Zu den Büchern werden Multiple-Choice-Fragen gestellt. Für jede richtige Antwort erhalten die Kinder Punkte, die auf einem persönlichen Punktekonto immer weiter fortgeschrieben werden. So können die Kinder nachweisen, dass sie das Buch gelesen und verstanden haben. Als Lehrerin erhalten Sie so einen guten Einblick in die aktuellen Leseinteressen. Sie erfahren über die Auswertungen auch, wie sinnentnehmend die Kinder die Bücher gelesen haben. Wenn Sie ein solches Online-Lesetagebuch für die Klasse angelegt haben, dann können die Kinder auch die zu Hause gelesenen Bücher in ihr Konto eintragen. Auf diese Weise erfahren Sie als Lehrerin oder Lehrer auch, was und wie viel ein Kind zu Hause liest. Dies erleichtert es Ihnen, Kinder, die wenig lesen, gezielt im Unterricht zu fördern.

Übersicht über die Lese-Lernschritte

Prinzip der Lautsynthese im Klassenverband einführen:
erste Lesewörter am Tageslichtschreiber mit dem Anlautlineal gemeinsam erlesen
erste Lesewörter am Tageslichtschreiber mit einem Lesepfeil gemeinsam erlesen

↓

differenzierter Unterricht:
Arbeitsangebote mit Wörtern aus Lesestufe 1, 2 und 3 (Lesestationen):
Karten mit einzelnen Wörtern
Karten mit Lese- und Malaufträgen
Lese- und Malgeschichten als kopierte Arbeitsblätter
Klammerkarten (Bild-Wort-Zuordnung)
Wörter mit der Anlauttabelle schreiben

↓

Arbeitsangebote mit Wörtern aus Lesestufe 1 bis 10:
Lesekartei mit Lesepass (Einführung je nach Lernstand)
lauttreue Texte mit Fragen zur Sinnentnahme (erste Abschreibtexte s. S. 20 ff.)

↓

Arbeitsangebote für „Leseratten“:
Gemeinsame Lesestunden, in denen die Kinder ihr Lesetagebuch schreiben

5 Orientierung an Rechtschreibmodellen – Methodenkompetenz aufbauen

In diesem Kapitel wird die Methode des Abschreibens und die Arbeit mit dem Modellwortschatz beschrieben. Das Abschreiben von Wörtern und angemessenen Texten hat sich als eine der wichtigsten Methoden zum Erlernen des Rechtschreibens erwiesen (s. S. 89 ff.). Bei der Einführung dieser Methode kommt es darauf an, die Teilschritte so einzuüben (s. S. 97 ff.), dass sie von den Kindern „automatisiert" angewandt werden. Dann lassen sich die Grundelemente der Abschreibtechnik auch für verschiedene Lernbereiche (s. S. 92 ff.) nutzen. Die Lernentwicklung der Kinder in einer Klasse ist in der Regel sehr verschieden, und auch zwischen einzelnen Klassen gibt es große Unterschiede. Daher wird man das Abschreibheft (s. S. 20 ff.) und den Modellwortschatz (s. S. 107 ff.) zu unterschiedlichen Zeiten einführen müssen.

Richtig abschreiben lernen

Wenn Kinder sprechen lernen, dann wiederholen sie nicht einfach das, was ihnen die Eltern und Geschwister vorsprechen. Vielmehr nähern sie sich an die Sprachvorgaben des Umfeldes Schritt für Schritt an. Sie lernen so wie ihre Eltern zu sprechen, weil sie sich in der Entwicklung der Sprache an diesen gehörten Sprachmustern orientieren.

Ähnlich ist es auch beim Schreibenlernen. Auch hier kopieren die Kinder keinesfalls einfach nur Wörter. Sie nähern ihre Schreibung Schritt für Schritt an die orthografisch richtige Schreibweise der Erwachsenen an. Hierfür nutzen sie die richtigen Schreibvorlagen als Modelle. Allerdings funktioniert dies nur dann, wenn sie ihre Aufmerksamkeit auf die Schreibung (und nicht allein auf die Bedeutung) des Wortes ausrichten. Das ist der Grund, warum das Lesen nicht zu einer Verbesserung der Rechtschreibung führt. Beim Lesen ist unsere Aufmerksamkeit auf die Sinnentnahme und nicht auf die Schreibung eines Wortes ausgerichtet. Die Kinder brauchen mit zunehmender Lesekompetenz immer weniger Informationen, um ein

Wort zu verstehen. Damit ein Text als Rechtschreibmodell zur Weiterentwicklung der Rechtschreibkompetenz genutzt werden kann, muss der Text mit einer anderen Aufmerksamkeitsausrichtung gelesen und geschrieben werden. Hierzu dient das Abschreiben von Wörtern und Texten.

Das Abschreiben ist die wichtigste Methode, die Rechtschreibung an den orthografisch richtigen Schreibweisen der Erwachsenen zu orientieren und weiterzuentwickeln. Bereits im ersten Schuljahr ist es sinnvoll, neben den frei geschriebenen Texten die Kinder auch korrekt geschriebene Wörter und Texte abschreiben zu lassen. Voraussetzung für das Abschreiben ist es, dass die Kinder sicher lesen können, was sie abschreiben. Ist diese Bedingung nicht gegeben, so werden die Kinder nur einzelne Zeichen kopieren können. Dies hat aber keinen Effekt für den Rechtschreiblernprozess.

Beim Abschreiben sollen die Kinder

- das Wort (den Satz/Text) lesen und dabei auf den Unterschied zwischen der gesprochenen und geschriebenen Sprache aufmerksam werden,
- sich das Wort merken und aus dem Gedächtnis aufschreiben, also nicht Zeichen für Zeichen kopieren,
- beim Schreiben mitsprechen und damit ein inneres Vokabelsystem der Schriftsprache aufbauen und
- das Geschriebene noch einmal überprüfen, um so von Anfang an auf das richtige Abschreiben zu achten.

Die Aufmerksamkeit auf die Rechtschreibung ausrichten

Die Grundlage der Rechtschreibung ist die gesprochene Sprache. Dabei orientiert sich die Rechtschreibung an der deutschen Hochsprache und nicht an beliebigen Dialekten. Daher ist es wichtig, dass Kinder lernen, deutlich (und hochdeutsch) zu sprechen. Allerdings ergibt sich das deutliche Sprechen erst aus dem Lesen. Indem die Kinder beim Lesen auf die Schreibung der Wörter achten, bauen sie eine andere Aufmerksamkeitsausrichtung auf.

Diese Umorientierung der Aufmerksamkeit ist der Schlüssel zur richtigen Schreibung auf der Lautebene. Hierin liegt allerdings auch die besondere Schwierigkeit. Die Kinder lernen gerade, dass Lesen bedeutet, zu verstehen, was dort geschrieben steht. Nun sollen sie beim Lesen aber von dieser Sinnentnahme abrücken und die Wörter in ihrer Schreibung genau betrachten. Dies gelingt besser, wenn die Kinder von Beginn an gelernt haben, beim Schreiben mitzusprechen und beim Erlesen von Wörtern das Wort noch einmal in normaler Sprache zu wiederholen.

Das Kopieren verhindern

Die sprachliche Merkfähigkeit ist bei Kindern zunächst ausschließlich auf die Bedeutung ausgerichtet. Hier sind es vor allem die emotionalen Bezüge, die ihnen das Merken erleichtern: Sie wollen sich nach dem Mittagessen mit einem Freund treffen, sie lernen ein Muttertagsgedicht oder haben vor, etwas ganz Bestimmtes einzukaufen. Bislang spielten sprachliche Details für das Merken eher eine untergeordnete Rolle.

Beim Abschreiben wird etwas anderes verlangt. Es reicht nicht aus, sich ein Wort zu merken, um es dann aufzuschreiben. Vielmehr müssen die Kinder lernen, ein Stück weit von der Bedeutung zu abstrahieren und auf die genaue Schreibung aufmerksam zu werden. Nicht nur das Wort soll behalten werden, sondern auch die genaue Verschriftung (Buchstabenfolge).

Falsche Schreibungen kommen vor allem dann vor, wenn die Kinder ihre Aufmerksamkeit nicht auf die Schreibung, sondern ausschließlich auf die Bedeutung ausrichten. Sie verschriften dann das Wort aus dem bisher entwickelten Rechtschreibgespür heraus.

Natürlich wissen die Kinder, dass ihre „Privatschrift" nicht der normgerechten Vorgabe entspricht. Also werden sie versuchen, das Problem anders zu lösen: Sie kopieren Zeichen für Zeichen, um anschließend ein richtiges Wort im Heft stehen zu haben. Dies allerdings führt zu keinem Ertrag im Rechtschreiblernen. Damit das Abschreiben ertragreich genutzt werden kann, ist es wichtig, von Beginn an zu vermitteln, warum das Kopieren von Zeichen unsinnig ist.

Schreiben und mitsprechen

Das Mitsprechen beim Schreiben ist die sicherste Methode, dafür zu sorgen, dass die gesprochenen Laute auch alle verschriftet werden. Schon bei den ersten Buchstaben wird mit den Kindern eingeübt, den Buchstaben beim Schreiben zu sprechen. Dabei sollen sie nach Möglichkeit den Klang des Buchstabens so lange anhalten, bis der Buchstabe fertig geschrieben ist. Später wird dies auch auf Wörter übertragen.

Wichtig ist, dass die Lehrerin oder der Lehrer dieses laute Mitsprechen bei Tafelanschriften immer wieder vormacht. Auf diese Weise bekommen die Kinder ein Modell dafür, wie das Mitsprechen klingen muss.

Kontrollieren

Die Textkorrektur, das genaue Kontrollieren des selbst geschriebenen Textes gehört genauso zur Rechtschreibkompetenz wie das Vermeiden von Verschreibungen. Auch dies muss mit den Kindern von Anfang an und Schritt für Schritt eingeübt werden. Dabei erweist sich für sie die Korrektur der selbst geschriebenen Texte als ein nicht unerhebliches Problem.

Eigene Texte schreiben die Kinder in einer „Privatschrift“, die noch nicht mit der orthografisch richtigen Schreibung der Erwachsenen übereinstimmt. Solange sie noch nicht wissen, wie ein Wort richtig geschrieben wird, können sie diese „Andersschreibung“ auch noch nicht als solche erkennen. Bei der Textkorrektur kommt es nicht so sehr darauf an, dass die Kinder alle Verschreibungen finden (das können sie noch gar nicht). Wichtig ist, dass sie auf Abweichungen von ihrem Niveau der Verschriftung von Sprache aufmerksam werden.

Am Anfang des Schreiblernprozesses bedeutet dies, dass die Kinder ***allen*** gehörten und gesprochenen Lauten eindeutige Buchstaben zuordnen. Hierauf muss sich ihre Korrektur konzentrieren. Das Ergebnis der Überarbeitung ist kein orthografisch richtiger Text, sondern eine weitgehend lauttreue Verschriftung. Entscheidend ist am Anfang, dass die Kinder ihre Texte noch einmal mit besonderer Aufmerksamkeit für die Rechtschreibung überarbeiten. Am besten kann diese Überarbeitung mit ihnen an Abschreibtexten eingeübt werden. Natürlich müssen die Kinder nicht alles, was sie schreiben, auch noch rechtschriftlich überarbeiten. Aber sie müssen wissen, wie man das macht und die entsprechenden Korrekturtechniken beherrschen.

Vom Wort zum Text

Zunächst üben die Kinder mit einzelnen Wörtern …

Einführung

Medien: Tafel, Zettel

Die Lehrerin schreibt ein lauttreues Wort aus der Lesestufe 1 an die Tafel. Die Kinder lesen das Wort mit, so wie die Lehrerin es Buchstabe für Buchstabe schreibt (Dehnsprechen). Die Lehrerin erklärt den Kindern, dass sie schneller schreiben lernen werden, wenn sie

- das Wort lesen,
- aus dem Kopf aufschreiben und
- beim Schreiben gleichzeitig mitsprechen

Das Wort wird nun noch einmal gemeinsam gelesen (gedehnt gesprochen). Nun wird die Tafel zugeklappt, und die Kinder schreiben das Wort in ihr Heft. Dabei sollten sie versuchen, das Wort beim Schreiben mitzusprechen. Sie lesen ihr geschriebenes Wort (Dehnsprechen), die Tafel wird wieder aufgeklappt und sie vergleichen die Tafelanschrift mit dem von ihnen aufgeschriebenen Wort. Diese Vorgehensweise wird mit mehreren Wörtern geübt.

Die lauttreuen Wörter für die ersten Schulwochen wurden aus den Geschichten (z. B. Wörter für Pepe auf der Insel) und den Lesewörtern genommen:

Namen: Leo, Oma, Mama, Alo, Ela …
Gegenstände: Sofa, Salami, Tomate, Rose, Esel, Ofen, Melone, Tafel, Rosine …
Verben: lesen, malen, laufen …

Hausaufgabe

Die von der Tafel abgeschriebenen Wörter schreiben die Kinder zu Hause in ihr Schönschreibheft und üben dabei das Mitsprechen. Damit sichergestellt ist, dass sie die abzuschreibenden Wörter auch lesen können, werden zunächst nur Wörter mit Dauerkonsonanten und Vokalen (1. Lesestufe) ausgewählt.

Weiterführung

Die abzuschreibenden Wörter orientieren sich an der Leseentwicklung der Kinder. Zunächst wird das Abschreiben mit der ganzen Klasse geübt, und auch die Hausaufgaben sind für alle gleich. Mit fortschreitender Differenzierung bei den Leseübungen können die Kinder dann auch die Lesewörter der jeweiligen Lernstufe in ihr Schönschreibheft schreiben und zu Hause weiter üben. Auf diese Weise werden auch die Hausaufgaben Schritt für Schritt dem Lernstand der Kinder angepasst.

Reflexion

Die Kinder schreiben bei diesen gemeinsamen Übungen auch Buchstaben, die sie noch nicht im Hör-, Schreib- und Sehpass „geübt“ haben. Dadurch kann der Prozess des Buchstabenlernens noch beschleunigt werden.

… aus Wörtern werden Minimalpaare …

Einführung

Medien: Tafel, Zettel

Die Lehrerin schreibt ein Wort an die Tafel und die Kinder sprechen das Wort beim Schreiben mit (z. B.: Fisch).

Lehrerin: *Jetzt verzaubern wir das Wort. Lasst das „F“ am Anfang einmal weg.* (Mit der Hand den ersten Buchstaben zudecken.) *Wie heißt das Wort dann?* (Kinder lesen das Wort ohne das „F“). *Das Wort macht keinen Sinn. Nun setzt ein T davor. Wie heißt das neue Wort?* (Tisch) *Jetzt haben wir wieder ein sinnvolles Wort.* L. schreibt „Tisch“ an die Tafel. Dabei wird das Wort so unter „Fisch" geschrieben, dass die Buchstaben direkt untereinander stehen. *Wir brauchen nur einen Buchstaben zu ändern und schon haben wir ein ganz anderes Wort.*

Die Lehrerin schreibt ein weiteres Wort an die Tafel. Dann schreiben die Kinder die beiden Wörter aus dem Kopf in ihr Schönschreibheft und üben wieder beim Schreiben das Mitsprechen.

Zauberwortbeispiele:

Maus – Laus	Nase – Name	Insel – Pinsel
laufen – raufen, saufen	Rose – rosa	acht – Nacht
Meise – Reise	lesen – losen	ein – fein
nagen – sagen	Tinte – Tante	auf – lauf
Regen – Segen	Hose – Hase	aus – Maus
fischen – wischen	Schule – Schale	ist – Mist
Nest – Fest	Tor – Tür	arm – warm
Rose – Hose – Dose	Papa – Popo	…
…		

Weiterführung

Am Anfang werden Wörter ausgewählt, die durch die Ersetzung eines Buchstabens am Wortanfang ein neues Wort ergeben. Später werden auch solche Wörter ausgewählt, bei denen durch Hinzufügungen oder das Weglassen von Buchstaben neue Wörter entstehen.

Schließlich werden Wörter abgeschrieben, die ein gemeinsames Rechtschreibphänomen haben. Die Lehrerin schreibt zwei Wörter mit dem gleichen Rechtschreibphänomen an die Tafel (z. B.: les<u>en</u>, mal<u>en</u>). Die Kinder sprechen die Wörter beim Schreiben mit. Die Lehrerin macht auf die Endung „-en" aufmerksam. Dann schreiben die Kinder die beiden Wörter aus dem Kopf in ihr Schönschreibheft und üben dabei das Mitsprechen.

Hausaufgabe

Die Kinder schreiben die Wörter in ihr Schönschreibheft und üben dabei das Mitsprechen. Bei der Auswahl der Wörter sollte man auf die Lesestufen und auf die Lauttreue achten.

Beispiele für Rechtschreibphänomene:
Am Wortende: -el, -en, -er
Am Wortanfang: sp-, st-
Sonderlaute: au, ei, eu, sch, ch

Reflexion

An den Minimalpaaren lernen die Kinder, dass die Schreibung nicht von der Bedeutung, sondern von der gesprochenen Sprache abhängt. Kleine sprachliche Unterschiede führen auf der Bedeutungsebene zu völlig verschiedenen Gegenständen (Hose – Dose – Rose – lose). Auch hier wird wieder die Aufmerksamkeit auf die Sprache als Grundlage für die Rechtschreibung ausgerichtet.

Bei der Nutzung von Rechtschreibmodellen geht es darum, sich in der Schreibentwicklung an richtig geschriebenen Wörtern orientieren zu können. Es ist daher nicht sinnvoll, die Kinder eigene Zauberwörter oder Wörter mit gleichen Rechtschreibphänomenen suchen zu lassen. Hier könnten dann zu schnell auch Wörter ausgewählt werden, die in ihrer Schreibung noch nicht verständlich sind (Doppelkonsonanten, Dehnungskennzeichen usw.). Das würde die Bildung eines sicheren Rechtschreibgespürs erschweren. Daher werden für die Hausaufgaben am Anfang nur vorgegebene Wörter genutzt.

Weiterführung

Bei den Übungen zu besonderen Rechtschreibphänomenen nutzen die Kinder später auch die Wörterkarten des Modellwortschatzes (s. S. 96). Hier können sie Wörter mit gleichen Phänomenen heraussuchen und aufschreiben. Solche Suchaufgaben werden in der Trainingsstunde durchgeführt und für die Hausaufgaben genutzt.

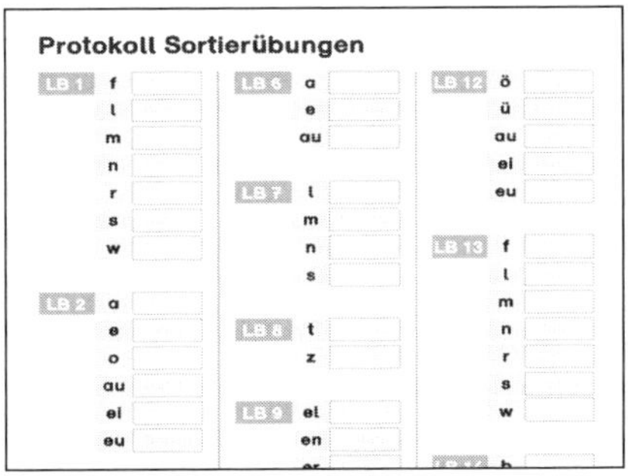

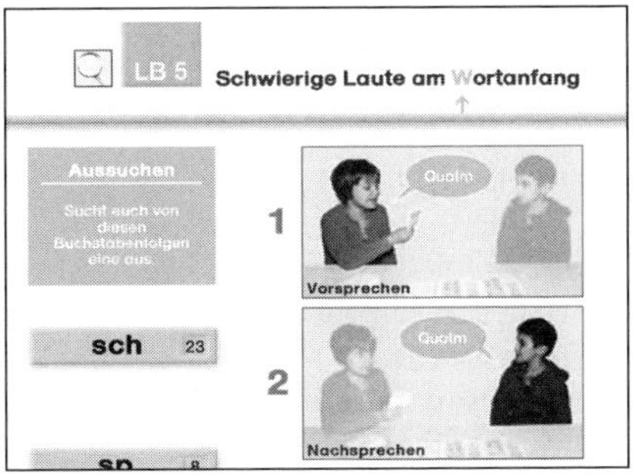

Hierfür kann das Aufgabenheft zum Modellwortschatz für den Lernbereich LB (Laut-Buchstaben-Zuordnung) genutzt werden. Nach der Auswertung des Bild-Wort-Testes (s. S. 127 ff.) ist es sinnvoll, für jedes Kind individuell im Aufgabenheft zum Modellwortschatz die Übungen anzukreuzen, die für das Kind hilfreich sind. Eine Möglichkeit, die Hausaufgaben differenziert zu stellen, ist es, in der Schule die Sortieraufgabe und zu Hause dann die dazugehörende Schreibaufgabe erledigen zu lassen. Die Kinder führen am Nachmittag die Übung des Vormittages fort, wodurch eine hohe Individualisierung der Hausaufgaben (ohne zusätzliche Arbeit für die Lehrerin) erreicht wird.

... dann üben die Kinder mit kurzen Sätzen ...

Einführung

Medien: Kurze Sätze auf Karteikarten, Zettel oder Schreibheft

Ich habe euch einen Satz auf eine Karteikarte geschrieben. Wenn ihr diesen Satz abschreiben wollt, dann könnt ihr das genauso machen, wie wir das gemeinsam geübt haben. Nur steht der Satz jetzt nicht an der Tafel, die wir zuklappen können. Dafür könnt ihr die Karteikarte rumdrehen.

Nun wird die Vorgehensweise noch einmal an einem Satz auf einer Karteikarte geübt:

- Satz lesen
- Das erste Wort laut lesen
- Karteikarte umdrehen
- Wort schreiben
- Karteikarte umdrehen
- Geschriebenes Wort kontrollieren
- Nächstes Wort lesen

Viele kurze Sätze kann man auf Karteikarten schreiben, die sich die Kinder als Abschreibvorlage nehmen können.

Beispiele für Abschreibsätze:
Ina im Sofa.
Oma am Fischen.
Ela im Rasen.
Ein Hase mit lila Nase.
Alo am Lernen.
Mama malt Oma.
Oma malt mit dem Pinsel.
Opa malt mit dem Pinsel Oma eine Insel.
Ein Hase in Not.
Ela hat einen Faden.
Papa hat feinen Wein.
Raupen rufen im Salat.
Ein grüner Rasen mit Hasen.
Ein Pirat ist im Salat.
So was! Eine lose Hose!
Ela freut sich auf den Nikolaus. Ich auch!
Alo fischt frische Fische.

Als Abschreibaufgabe für Sätze können die Kinder auch die Sätze auf der Vorderseite der Modellwortschatzkarten nutzen.

Hausaufgabe
Die Kinder schreiben den Text noch einmal in ihr Schönschreibheft und üben dabei das Mitsprechen. Später können sie sich auch Abschreibkarten aussuchen und mit nach Hause nehmen.

Begründung
Das Abschreiben kurzer Sätze wird an den Monatsbildern, den Briefen und den Bilderbüchern eingeführt. Zu den Themen, die für das freie Schreiben aufgegriffen werden, wird jeweils ein Satz an die Tafel geschrieben. Hier werden lauttreue Wörter verwendet, die von den Kindern selbstständig gelesen werden können. Bei den kurzen Tafelsätzen werden die bekannten Wörter aufgegriffen und die Minimalpaare auf der Satzebene weitergeführt (Beispiel: „Ein grüner *Rasen* mit *Hasen*").

Später werden die Abschreibkarten mit kurzen Sätzen zur Verfügung gestellt. Die Kinder üben damit auch gleich eine Abschreibtechnik ein, die sie später bei der Arbeit mit dem Modellwortschatz nutzen können.

... schließlich üben die Kinder mit kurzen Texten

Zwischen dem Schreiben von Wörtern und dem Schreiben von kleinen Sätzen gab es einen fließenden Übergang. Erst für das Abschreiben von Texten war die „Grundvoraussetzung" das vollständige Durcharbeiten der Lesekartei. Dies ist wichtig, da auch rechtschriftlich einfache Texte eine große Lesekompetenz (sicheres Erlesen aller Wörter) voraussetzen. Gemeinsam mit dem Abschreiben von kurzen Texten führte ich das Abschreibheft und den Rechtschreibpass als Weiterführung des Hör-, Schreib- und Sehpasses ein.

Abschreibtechniken einüben

Die verschiedenen Techniken, die zum effektiven Abschreiben benötigt werden, sollten nach und nach eingeübt werden. Dabei kann die Einführung meist im Klassenverband durchgeführt werden. Der Hinweis auf das Mitsprechen beim Schreiben kann schon sehr frühzeitig erfolgen. Die Umorientierung der Aufmerksamkeit und das „aus dem Gedächtnis" Schreiben kann dagegen erst erwartet werden, wenn die Kinder bereits lesen können. Am besten ist es, dies als Vorstufe zum Abschreibheft oder der Lernkartei einzuführen. Auf die Textkorrektur (noch einmal genau lesen, was ich geschrieben habe) wird auch schon sehr frühzeitig hingewiesen. Systematisch wird sie dann im Zusammenhang mit der Lernkartei oder dem Abschreibheft eingeführt.

Schreiben und gleichzeitig mitsprechen

Das Schreiben und dabei Mitsprechen lässt sich am einfachsten im Klassenverband anleiten. Nach und nach kann dann differenzierter gearbeitet werden. Bei Tafelanschriften sollte die Lehrerin darauf achten, immer laut mitzusprechen und anschließend das Wort noch einmal in normaler Aussprache zu wiederholen. So hören die Kinder immer wieder, wie das Mitsprechen klingt.

Damit das Mitsprechen fester Bestandteil beim Schreiben wird, ist es notwendig, die Kinder immer wieder darauf aufmerksam zu machen. Wenn bereits eine Reihe von Buchstaben bekannt sind, kann man ein kleines Selbstexperiment durchführen, das die Bedeutung des Mitsprechens einprägsam und verständlich macht (Methodenkompetenz).

Einführung

Medien: Zettel

Die Lehrerin macht mit den Kindern ein kleines Experiment. *Schreibt doch einmal alle Zahlen von 1 bis 10 nebeneinander auf. Jedes Mal wenn ihr die Zahl schreibt, sprecht dabei diese Zahl.* (Ggf. nur die Zahlen von 1 bis 5 aufschreiben lassen. An der Tafel vormachen, die Zahl schreiben und sprechen.)

Jetzt bin ich gespannt: Könnt ihr auch schon die Zahlen rückwärts aufschreiben? Sprecht wieder die Zahlen laut mit.

Nun bekommen die Kinder eine noch schwerere Aufgabe gestellt: *Schreibt bitte noch einmal die Zahlen von 1 bis 10. Diesmal sollt ihr aber nicht die Zahlen sprechen, die ihr gerade schreibt, sondern die Zahlen rückwärts von 10 bis 1.* Wieder an der Tafel vormachen.

Im Gespräch wird nun geklärt, dass man dabei durcheinanderkommt. Man kann nicht etwas anderes sprechen, als man gerade schreibt.

Falls das erste Beispiel noch nicht überzeugend genug war, kann man die Kinder zu einem weiteren Experiment anregen: *Schreibt doch einmal alle „lila Limo" und sprecht dabei „rosa Rose"!* Der Lehrer probiert es an der Tafel und kommt dabei selbst ein bisschen durcheinander.

Nun lässt es sich nicht mehr abstreiten: *Das Mitsprechen beim Schreiben ist ganz wichtig. Es geht nicht, dass man etwas anderes spricht, als man gerade schreibt. Das ist wie beim Flugzeug. Der Pilot steuert das Flugzeug. Und genauso steuert die Sprache die Hand, wenn ihr schreibt. Die Sprache ist also der Pilot und die Hand das Flugzeug.* (Der Begriff Pilotsprache stammt von Dieter Betz: Teufelskreis Lernstörung.) *Das Schreiben wird viel, viel einfacher, wenn ihr eure Sprache als Pilot nutzt (Pilotsprache).*

Jetzt ist Leo an der Reihe. Er spricht „Leo" (als zusammenhängendes Wort und schreibt dann ganz langsam „Loe" an die Tafel). Die Kinder reagieren auf diese „Verschreibung". *Tja Leo. Das kann dir gar nicht passieren, wenn du das Wort, das du schreiben willst, Laut für Laut sprichst.* Die Lehrerin macht es noch einmal an der Tafel vor. Sie hält den Klang des Buchstabens an, bis der Buchstabe fertig geschrieben ist.

Wenn ihr beim Schreiben mitsprecht, dann hört sich das Wort nicht so an, wie es normalerweise gesprochen wird. Man spricht das Wort Laut für Laut. Am besten ist es, wenn man den Laut so lange spricht, bis man den Buchstaben fertig geschrieben hat. Dann müsst ihr das Wort noch einmal in der ganz normalen Sprache sprechen. So prägt sich die Schreibung des Wortes ganz besonders gut ein.

An der Tafel das Mitsprechen noch einmal vormachen. *Wenn ihr wollt, dann könnt ihr ja heute Nachmittag einmal eure Eltern oder Geschwister fragen, ob sie etwas anderes schreiben können, als sie gerade sprechen. Natürlich ist für Erwachsene „lila Limo" zu einfach. Lasst sie doch einmal „Kartoffelpuffer" schreiben und „Reibekuchen" sagen. Ihr werdet sehen, die Erwachsenen können das auch nicht. Man kann eben nicht etwas anderes sagen, als man schreibt.*

Reflexion

- Leo hat am Anfang beim Mitsprechen geholfen. Er hat sich neben diejenigen gesetzt, denen das Mitsprechen schwerfiel. Dann hat er immer genau das lautiert, was das Kind gerade schrieb. So entwickelten auch diese Kinder ein Gespür dafür, wie sich das Mitsprechen anhört. Leos Hilfe führte nach kurzer Zeit dazu, dass Leo sich nur neben die Kinder zu setzen brauchte, und schon fingen sie an mitzusprechen. Später brauchte ich nur mit Leo in der Hand durch die Klasse zu gehen, und alle erinnerten sich an das Mitsprechen.
  Diese Übertragung auf Leo als „Mitsprechhilfe" hatte den Vorteil, dass die Kinder keine negative Rückmeldung von mir bekamen, wenn sie das Mitsprechen „vergaßen". Sie erlebten Leo als positive „Erinnerungsstütze".
  Die Selbstexperimente machen den Kindern den Sinn des Mitsprechens deutlich. Dadurch wird ihre Methodenkompetenz erweitert, und sie sind eher bereit, von sich aus auf das Mitsprechen zu achten.
- Am Anfang ist es zwingend notwendig, die Kinder laut mitsprechen zu lassen. Sie brauchen diese akustische Rückmeldung. Dies konnte ich gerade bei Kindern mit Sprachschwierigkeiten beobachten. Sobald sie beim Schreiben nicht laut sprachen, unterließen sie das Mitsprechen völ-

lig. (Man kann ganz leicht beobachten, ob die Kinder mitsprechen oder nicht: Solange sich die Lippen der Kinder bewegen, sprechen sie auch verinnerlicht mit.)
Andere Kinder (und zwar jene mit einer hohen Sprachkompetenz) waren schon recht schnell in der Lage, zunächst leise und dann stumm mitzusprechen.
Es erscheint mir daher als besonders wichtig, das laute Mitsprechen nicht als störend zu deklarieren und zu unterbinden. Solange die Kinder die laute Rückmeldung brauchen, müssen sie auch laut sprechen dürfen. Sonst geben sie das Mitsprechen auf. Damit nehmen wir ihnen eine wichtige Rechtschreibhilfe, die ihnen später viel Mühe und Arbeit erspart.

- Die Experimente haben viele natürlich noch am gleichen Tag mit den Eltern und Geschwistern zu Hause durchgeführt. Die Erfahrung, dass auch Erwachsene das nicht können, bestärkte sie darin, dass Mitsprechen wichtig ist.
- Das Experiment bewirkte zudem, dass auf dem nächsten Elternabend die Eltern von sich aus nach dem „Reibekuchen-Experiment“ fragten. Hier war ein leichter Übergang geschaffen, auch den Eltern deutlich zu machen, was Kinder beim Schreiben beachten können. Außerdem konnte ich mit einigen Eltern, deren Kinder sprachliche Schwierigkeiten hatten, leichter besprechen, wie sie die Kinder unterstützen können (für die Kinder mitsprechen, so wie Leo). Darüber hinaus ergaben sich hier Ansatzpunkte, um zu erfahren, dass einige Kinder früher eine Sprachtherapie gehabt hatten und sich ihre Schwierigkeiten jetzt beim Schreibenlernen erneut zeigten (Probleme beim Mitsprechen). Die Eltern sind in der Regel erleichtert, wenn sie erfahren, dass die Lehrerin das Problem erkannt hat.
- Da einigen Kindern das Mitsprechen recht schwerfällt ist es wichtig, sie immer wieder zu ermutigen. Deshalb sollten mehrere Gelegenheiten genutzt werden, um das Mitsprechen bei den Kindern ins Gedächtnis zu rufen: Einführung des Abschreibheftes, der Lernkartei, der Rechtschreibwerkstatt, die ersten Diktate usw. Vor allen Dingen sollte bei Tafelanschriften immer laut mitgesprochen werden, um den Kindern kontinuierlich zu demonstrieren, dass auch wir Erwachsene beim Schreiben mitsprechen.

Aus dem Gedächtnis schreiben, kopieren verhindern

Einführung

Medien: Tafel, Zettel

Die Lehrerin hat einen merkwürdigen Satz an die Tafel geschrieben. Sie fordert die Kinder auf, diesen Satz einmal abzuschreiben.

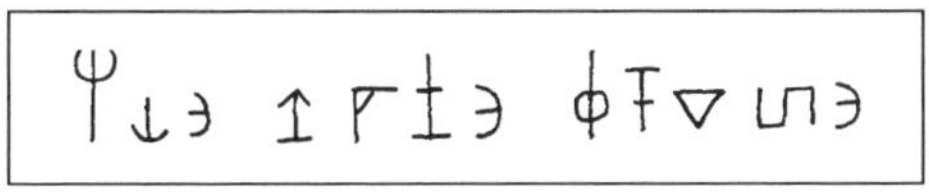

Die Kinder malen Zeichen für Zeichen von der Tafel ab. Lehrerin: *Nun, wie war das mit dem Abschreiben?* Kinder äußern, dass es schwierig war, dass es ganz komische Zeichen sind, gar keine richtigen Buchstaben usw. Die Lehrerin bestätigt die Aussagen: *Wenn man das nicht lesen kann, dann kann man nur die Zeichen abmalen. Und dann habt ihr alle Zeichen richtig dastehen, aber über den Satz wisst ihr nichts. Also das Abmalen von Zeichen macht gar keinen Sinn! Hier ist der gleiche Satz noch einmal:*

Eine rote Blume

Natürlich könntet ihr jetzt wieder jedes einzelne Zeichen abmalen. Aber dabei würdet ihr genauso wenig lernen wie eben. Wenn ihr beim Abschreiben etwas lernen wollt, dann müsst ihr:

- den Satz lesen können,
- euch ein Wort genau anschauen und euch schwierige Stellen einprägen,
- die Vorlage zudecken, damit ihr keine Zeichen kopiert,
- das Wort aus dem Gedächtnis aufschreiben und
- beim Schreiben mitsprechen.
- Nun könnt ihr vergleichen, ob ihr das Wort richtig geschrieben habt.

Die Kinder lesen den Satz („Eine rote Blume“) laut vor. Dann werden die schwierigen Stellen in dem Satz markiert. Die Kinder werden „Ei“ und „Bl“ nennen. Diese Buchstaben werden farbig unterstrichen. Die Lehrerin macht nun die weitere Vorgehensweise vor: *„Ei-n-e“ – Da muss ich auf das „Ei“ achten.* Die Tafel wird zugeklappt. Die Kinder schreiben das Wort auf. *„Ei-n-e“ – hab ich das geschrieben? – Ja, gut. Jetzt das nächste Wort: „rote“ – Das ist einfach. Das schreibe ich so, wie ich es spreche.* Die Tafel wird wieder zugeklappt usw.

Gerade bei der Einführung ist es wichtig, darauf zu achten, dass die Kinder richtig abschreiben und kontrollieren. Hier sollten bei Verschreibungen konkrete Hilfen gegeben werden: Welche Stellen hast du unterstrichen? Lies einmal genau, was du geschrieben hast.

Reflexion

Zwischen dem freien Schreiben und dem Abschreiben gibt es einen bedeutsamen Unterschied. Beim freien Schreiben konstruieren die Kinder ihre Texte auf recht unterschiedlichem Niveau: Sie schreiben in ihrer Privatschrift. Die Abschreibvorgaben dagegen dienen als Modell für die orthografisch richtige Schreibweise. Schon in den ersten Schultagen habe ich kleine lauttreue Sätze aufgeschrieben oder die Wörter, die zur Orientierung an der Anlauttabelle dienten, in einem Satz an die Tafel geschrieben. Meine Vorgaben waren also von Beginn an auf sinnvolle Sätze ausgerichtet. Diese Tafelanschriften dienten als Leseanreize und machten immer wieder den Unterschied zwischen Privatschrift und Erwachsenenschrift deutlich.

Für das freie Schreiben ist es nicht zwingend notwendig, dass die Kinder das Geschriebene auch lesen können. Für das Abschreiben hingegen ist das Lesenkönnen Voraussetzung. Um die Kinder gar nicht erst auf die falsche Fährte des Kopierens zu locken, habe ich mit Abschreibübungen erst begonnen, als sie die lauttreuen Wörter der Lesestufe 1 sicher erlesen konnten.

Dies hat sich im Nachhinein als sehr wichtig erwiesen. Die Kinder lernten das Abschreiben von Beginn an als eine Technik kennen, mit der sie das „richtige" Schreiben üben konnten. Hierbei gehörte das Kontrollieren hinzu. Das schrittweise Hinführen zum Abschreiben von Texten führte dazu, dass es bei den Abschreibübungen kaum Verschreibungen gab. Die Übungen im Abschreibheft (s. S. 20 ff.) brauchten von mir kaum überprüft zu werden. Das, was die Kinder abschrieben, war (bis auf wenige Ausnahmen) auch korrekt.

Das Abschreibexperiment zeigte den Unterschied zwischen dem Kopieren und der Orientierung an richtigen Vorgaben auf. Die Kinder wussten, warum es wichtig ist, die Karteikarte umzudrehen. Sie erwarben damit eine Methodenkompetenz, die später automatisch auf andere Übungen (Modellwortschatz, Abschreibheft) übertragen wurde.

Wie wichtig solche Experimente zur Stärkung der Methodenkompetenz sind, zeigte sich später auch auf einem Elternabend, auf dem ich mit den Eltern das gleiche Experiment machen wollte. Eine ganze Reihe von Eltern kannten es schon. Ihre Kinder hatten es zu Hause mit ihnen gemacht und dabei erklärt, warum man die Karte immer umdrehen sollte; denn *„sonst hat das alles doch gar keinen Sinn"*, wie Daniel meinte.

Kontrolle und Textkorrektur

Individuelle Einführung

Mithilfe der Anlauttabelle können die Kinder schon ganz früh Wörter verschriften, die sie jedoch noch nicht lesen können. Sie wissen, was sie da geschrieben haben und werden dieses Wort auch nennen, aber nicht wirklich lesen. Dennoch ist es nicht verkehrt, sie auch schon in diesem frühen Stadium auf das Kontrollieren hinzuweisen: *„Lies noch einmal, was du geschrieben hast.“* Damit wird von Beginn an der Zusammenhang zwischen Schreiben und Lesen deutlich. Zunächst werden die Kinder die aufgeschriebenen Buchstaben benennen und damit zugleich die Laut-Buchstaben-Beziehung festigen. Später, mit zunehmender Lesekompetenz, werden sie beginnen, Laute miteinander zu verbinden. Dabei können sie auf Abweichungen zwischen dem, was sie schreiben wollten und dem Geschriebenen aufmerksam werden.

Da das Schreiben die Aufmerksamkeit der Kinder stark in Anspruch nimmt, vermeiden sie häufig dieses „Noch-einmal-Lesen“. Daher ist es wichtig, dass die Lehrerin oder der Lehrer dies zu Beginn mit den Kindern gemeinsam macht. Die Lehrerin liest das, was die Kinder geschrieben haben langsam vor: *„O-p-a m-l-t …“* Hier wartet man kurz ab, ob die Kinder reagieren. Meist korrigieren sie: *„Opa malt …“* Hierauf kann die Lehrerin dann eingehen: *„Ach ja, da gehört noch ein ‚a‘ hinein.“* Das Wort wird noch einmal danebengeschrieben. Wenn niemand reagiert, sollte man die Verschreibung ignorieren, um keine Misserfolgsorientierung aufzubauen. Die Freude am Schreiben aufrechtzuerhalten hat Vorrang vor dem richtigen Schreiben!

Das Dehnsprechen wird individuell beim Lesen der Schülertexte genutzt, um den Kindern schon sehr früh ein Beispiel zu geben, wie man bei der Überarbeitung eines Textes vorgehen muss, um Verschreibungen zu finden. Später kann dies noch einmal mit der ganzen Klasse thematisiert werden.

Einführung in der Klasse

Für die Einführung der Textkorrektur in der Klasse wird an einem Text das langsame (synthetisierende) Lesen vorgemacht. Hierzu können auch Texte verwendet werden, in denen Verschreibungen eingebaut sind, die von den Kindern gefunden werden können (s. S. 105 f.). Die Verschreibungen dürfen ausschließlich solche auf der Laut-Buchstabenebene sein (s. Beispiel S. 104 f.), damit die Kinder bei der Bildung ihres Rechtschreibgespürs nicht verunsichert werden.

Abschreibheft

Sobald die Kinder kurze lauttreue Texte selbstständig erlesen können, sind sie in der Lage, ganze Texte abzuschreiben und für die Weiterentwicklung ihrer Rechtschreibkompetenz zu nutzen.

Um das Kopieren zu verhindern, wird ein so genanntes Abschreibheft verwendet. Dies ist ein normales Schreibheft. Der Umschlag des Heftes wird mit einem durchsichtigen Schutzumschlag (Folientasche) versehen, in die Abschreibtexte gesteckt werden können. Auf diese Weise kann man sich das Kopieren von Abschreibtexten ersparen.

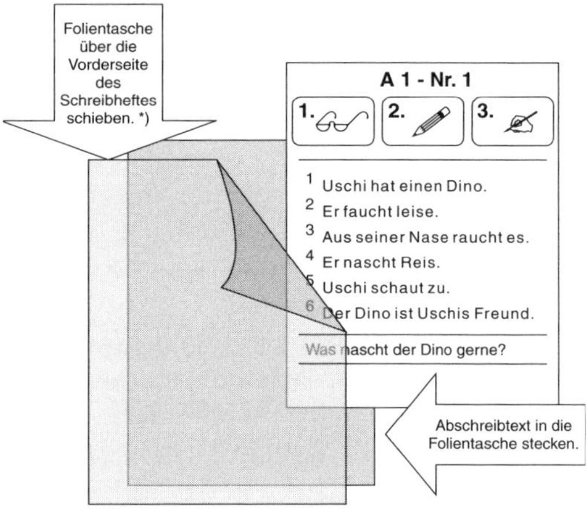

Für Rechtshänder sollte die Folie auf die vordere, für Linkshänder auf die hintere Umschlagseite gesteckt werden.
Die Kinder können nun mit ihrer „Nicht-Schreib-Hand“ das Heft umdrehen, was das Umblättern erleichtert.

Die Abschreibtexte sollten weitgehend lauttreue Texte sein, also keine Besonderheiten und Ausnahmen auf der Laut- und Wortebene enthalten. Dies würde die Kinder zu diesem Zeitpunkt in der Ausbildung eines sicheren Rechtschreibgespürs eher behindern.

Eine Reihe von lauttreuen Abschreibtexten habe ich in einer Schublade für die Kinder bereitliegen. Die Texte sind fortlaufend nummeriert. In die Rückseite der Folientasche (Innenseite des Heftes) wird ein Protokollbogen mit dieser Nummerierung gelegt. Hier tragen die Kinder das Datum ein, wenn sie einen Abschreibtext vollständig bearbeitet haben.

Mit den Kindern wird die bekannte Vorgehensweise beim Abschreiben von Texten auf die Arbeit mit dem Abschreibheft übertragen (lesen – schreiben und mitsprechen – kontrollieren) und erweitert (schwierige Stellen markieren): *Lies dir den Text zunächst durch und beantworte die Frage, die unter dem Text steht. Schreibe die Antwort in dein Abschreibheft.*

En Fisch hat sein
Mul weit auf.
Schon nacht er
einen Wum.
Da lauat ein Bä
am Teisch.
Er fischt sich den
Fesch.

Wo ist der Wurm ?

Lies dir nun den Text noch einmal durch. Unterstreiche mit einem Folienstift alle schwierigen Stellen im Text. Das sind vor allem jene Stellen, wo du etwas anderes sprichst, als du schreibst.

Nun schreibe den Text ab. Merke dir jeweils ein Wort (oder einen Satzteil). Sprich mit, wenn du schreibst.

Kontrolliere immer sofort, ob du das Wort richtig geschrieben hast. Wenn es nicht richtig ist, streiche das Wort sauber durch und schreibe es neu.

Abschreiben, lesen können und die Unterschiede zur gesprochenen Sprache merken

Damit die Aufmerksamkeit der Kinder gezielt auf die Abweichungen zwischen gesprochener und geschriebener Sprache ausgerichtet wird, sollen sie vor dem Abschreiben all jene Stellen im Text unterstreichen, in denen sie das Wort anders sprechen, als sie es schreiben. Man kann hierzu abwaschbare Folienstifte benutzen. Allerdings ist das Wegwischen oft eine fürchterliche Schmiererei. Besser (aber leider auch teurer) sind farbige Folienbuntstifte (z. B. Omnichrom von STAEDTLER) oder Whiteboard-Marker, mit denen man auf Klarsichtfolien schreiben kann und die mit einem trockenen Tuch weggewischt werden können.

Später führt genau dies dann auch dazu, dass die Kinder so sprechen können, wie sie schreiben: deutlich und hochdeutsch.

Einführung

Medien: Abschreibtexte auf Folie, Tageslichtschreiber, Buntstifte, Schreibheft

Leo hat zwei Texte abgeschrieben. Die Lehrerin legt Leos Abschreibtext als Folie auf den Tageslichtschreiber.

Lehrerin: *Aber Leo, was hast du denn da geschrieben? Da sind einige Wörter ganz komisch. Die kann ich gar nicht richtig lesen. Du hast in manchen Wörtern Buchstaben ausgelassen oder vertauscht.*

Die Kinder lesen Wort für Wort ganz genau wie es Leo geschrieben hat. Ein Kind liest das erste Wort vor: *<en> – das soll sicher „ein“ heißen. Da fehlt ein „i“*. Das Wort wird durchgestrichen und darüber neu geschrieben.

Der Text wird Wort für Wort so gelesen, wie er dasteht und korrigiert.

Die Lehrerin verrät Leo einen Trick, wie er solche Verschreibungen vermeiden kann: *Wenn du einen Text schreibst, dann liest du dir zuerst den Text einmal durch.* Die Folie mit dem Originaltext wird aufgelegt und der Text einmal laut vorgelesen. *So, jetzt weißt du, was in dem Text steht.*

A1 – Nr. 15

1 Ein Fisch hat sein Maul
2 weit auf.
3 Schon nascht er
4 einen Wurm.
5 Da lauert ein Bär am Teich.
6 Er fischt sich den Fisch.

Wo ist der Wurm?

• Diese Stellen hat sich Peter angestrichen

Jetzt nimmst du dir einen Buntstift und markierst dir alle schwierigen Stellen, auf die du beim Schreiben besonders achten musst. Die Kinder versuchen es gemeinsam.

Der Text wird Wort für Wort durchgegangen. Die „schwierigen Stellen“ werden mit einem farbigen Folienstift markiert.

Lehrerin: *Siehst du Leo, wenn du jetzt den Text abschreibst, dann weißt du sofort, wo du besonders aufpassen musst. Lies dir jedes Wort, was du geschrieben hast, noch einmal durch, so wie wir das eben gemacht haben.*

Die Kinder können sich leicht mit Leo identifizieren. Sie merken, dass beim Abschreiben schnell Verschreibungen unterlaufen. Um das im Voraus zu vermeiden, bekommen sie eine Hilfe an die Hand (Stärkung der Methodenkompetenz).

Erarbeitung

Medien: Abschreibtext am Tageslichtschreiber, Abschreibheft mit Abschreibtext und Folienstift für jedes Kind

An dem Textbeispiel haben die Kinder Leo beim Markieren von schwierigen Stellen geholfen. Nun sollen sie ihre schwierigen Stellen in dem Text unterstreichen. Hierzu nehmen sie ihr eigenes Abschreibheft und einen Folienstift. Der Abschreibtext wird in die Folientasche gesteckt. In Einzelarbeit markiert jedes Kind die schwierigen Stellen im Text.

Jedes Kind soll für sich die Einschätzung treffen, welche Stellen schwierig sind und auf welche Stellen es im Text beim Abschreiben besonders achten möchte.

Integration

Anschließend werden die Markierungen in der Klasse besprochen. Dabei werden die unterschiedlichen Markierungen der Kinder hervorgehoben: *Gut, dass du dir das „ei" angestrichen hast, so kannst du es nicht mit „ie" verwechseln. Ja, prima, mach dir unter jedem Großbuchstaben einen Punkt, dann erinnerst du dich beim Abschreiben daran, dass das Wort großgeschrieben werden muss.*

Die Kinder können jetzt die Erfahrung machen, dass nicht alle die gleichen Stellen als schwierig markiert haben. Was schwierig ist und worauf man beim Abschreiben besonders zu achten hat, muss jedes Kind für sich selbst entscheiden. So entwickeln sie ein Gespür für ihre eigenen „kritischen Stellen". Auf diese Weise können die Kinder auch voneinander lernen, was „schwierige Stellen" sind.

Weiterführung

Wenn die Kinder lauttreue Texte abschreiben, sollte darauf geachtet werden, dass sie mit Sorgfalt alle schwierigen Stellen markieren. Dabei lohnt es sich, sie auf „Nachlässigkeiten" beim Markieren aufmerksam zu machen. Hierzu vergleichen wir die Verschreibungen mit ihren Markierungen. *(Lies das Wort, das du geschrieben hast. Wie muss das Wort richtig heißen? Hast du das Wort als schwierige Stelle markiert?)*

Die Kinder entwickeln dann schneller ein Gespür für ihre individuellen Schwierigkeiten beim Abschreiben. Dadurch haben sie die Möglichkeit, die entsprechenden orthografischen Regelungen auf der Lautebene, die sie noch nicht sicher beherrschen, leichter zu verinnerlichen.

Modellwortschatz

Um die Aufmerksamkeit auf die verschiedenen Regelhaftigkeiten der Laut-Buchstaben-Zuordnung auszurichten, ist es sinnvoll, viele Wörter schreiben zu lassen, die gleichen Konstruktionsprinzipien folgen. Hierfür eignen sich Wörterlisten oder Karteikarten mit Modellwörtern, die von den Kindern abgeschrieben werden. Klassen-, Grund- oder Häufigkeitswortschätze haben den Nachteil, dass die Kinder hier häufig Wörter schreiben, die sie mit ihrem Wissen noch nicht einordnen können. So wird beispielsweise der F-Laut mal mit „f" (Fenster), mal mit „Pf" (Pferd), mal mit „V" (Vogel) oder gar mit „Ph" (Philipp) geschrieben. Eindeutige Laut-Buchstaben-Zuordnungen werden schneller gefestigt, wenn zunächst gehäuft Wörter mit den regelhaften Zuordnungen zu schreiben sind und die Kinder nicht durch Ausnahmeschreibungen verwirrt werden.

Sobald die Kinder alles lesen können, habe ich sie Wörter mit eindeutigen Laut-Buchstaben-Zuordnungen schreiben lassen. Ich nutzte hierfür einen Modellwortschatz und als Übungsformen: Abschreiben, Partner- oder Selbstdiktat, Such- oder Sortieraufgaben. Bei dem Modellwortschatz handelt es sich um vorgefertigte Karteikarten. Hier sind die Wörter nach den Konstruktionsprinzipien der Schrift geordnet.

Schwierigkeitsstufen des Modellwortschatzes:
Einfache Laut-Buchstaben-Beziehungen
Ein Laut – eine Buchstabenfolge (z. B. au, ei, eu, sch), Umlaute (ä, ö, ü), Besonderheiten in der Laut-Buchstaben-Beziehung (z. B. ng, nk, ch, qu, v, ß; sp und st am Wortanfang)
Regelhaftigkeiten bei kurz und lang gesprochenen Vokalen (Konsonantenverdopplung bb, ff, ll, mm, nn, pp, rr, ss; Dehnungs-e bei lang gesprochenem „i")
Wörter, bei denen die Schreibung nur durch Ableitungen (am Wortende b, d, g) oder Umformungen (Wortart, Wortbildung) erschlossen werden kann
Wörter mit schwierigen Vokal- oder Konsonantenfolgen (z. B. Konsonantenhäufung im Wortinneren)
Rechtschriftliche Besonderheiten, Ausnahmeschreibungen (z. B. Dehnungs-h, Vokalverdopplung, lang gesprochenes „i" ohne Dehnungskennzeichen; chs, ks, x; v, pf, ai, dt) und Fremdwörter.

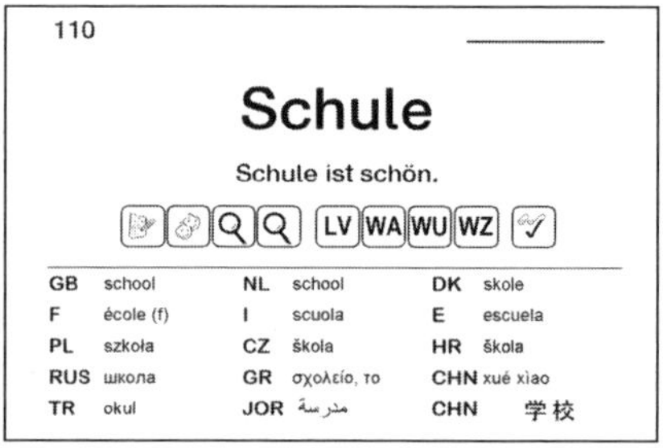

Die Kinder bearbeiteten in der Klasse 1 nur die ersten Schwierigkeitsstufen. Jedes Kind hat eine eigene Wörterkiste mit den Wörterkarten des Modellwortschatzes. Die einzelnen Wörter sollen abgeschrieben und von einem Partner diktiert werden. Immer wieder habe ich zur Leistungskontrolle den Kindern Wörter aus dem Modellwortschatz diktiert, um herauszufinden, inwieweit sie die geübten und auch analoge nicht geübte Wörter richtig schreiben können.

Übersicht über die Arbeit mit Rechtschreibmodellen

Prinzip des Abschreibens im Klassenverband einführen:
erste Abschreibwörter an der Tafel vorgeben
lesen – merken – aufschreiben und mitsprechen – kontrollieren

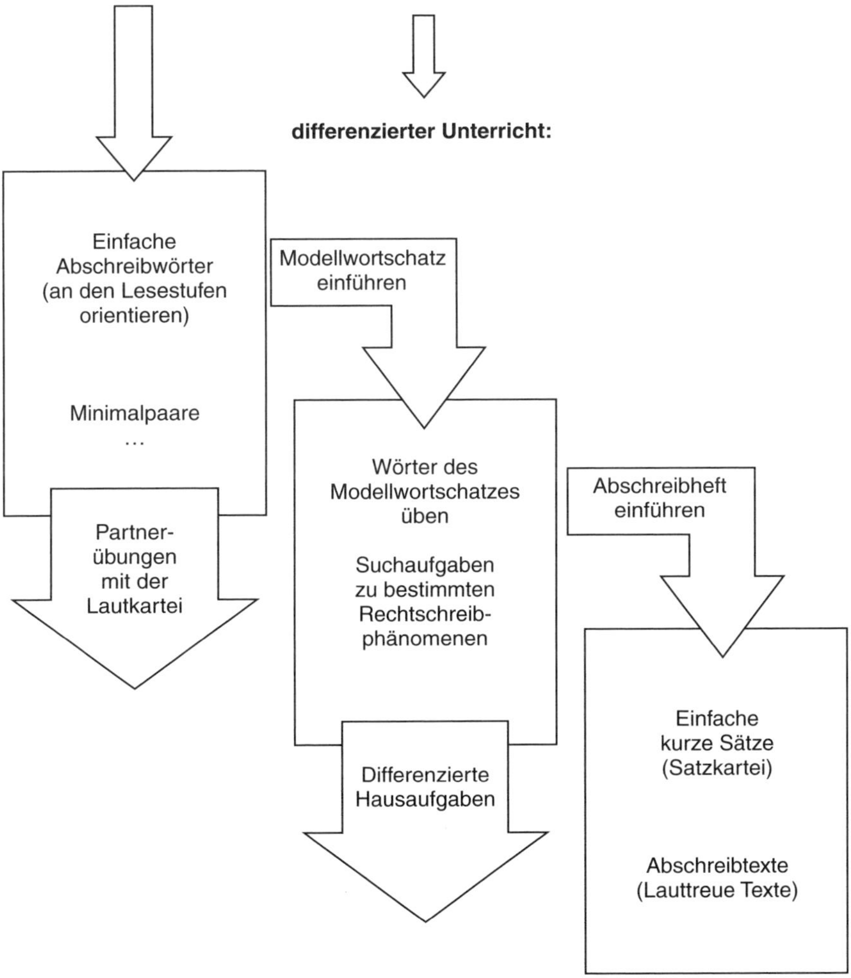

6 Die Rechtschreibwerkstatt – Rechtschreiben lernen als logische Entwicklungsfolge verstehen

Das Haus

Die Rechtschreibwerkstatt ist ein Bild, das die Ordnung der Rechtschreibung und den Rechtschreiblernprozess verständlich machen soll. Sobald die Kinder lesen und richtig abschreiben, bietet es sich an, ihnen diese Gesamtstruktur der deutschen Rechtschreibung zu zeigen. Ich habe die Rechtschreibwerkstatt im Februar eingeführt, als die Kinder lesen konnten und die meisten Kinder mit dem Modellwortschatz und den Abschreibtexten angefangen hatten.

Die Einführung der Rechtschreibwerkstatt kann ganz sachlich erfolgen. Zunächst werden nur ganz kurz die drei wichtigsten Prinzipien der Rechtschreibung (Etagen in der Rechtschreibwerkstatt) beschrieben. Den Kindern soll deutlich werden, was sie bisher gelernt haben und was sie noch lernen werden.

Als Rahmenhandlung bietet sich Post von Lulu an.

> Liebe Kinder.
> Ich habe schon lange nicht mehr geschrieben. Aber ich war einfach zu beschäftigt. Und ich habe in den letzten Wochen ganz viel gearbeitet. Und ich bin viel gereist. Und ich habe viel gelernt. Und jetzt kann ich auch schon viel zaubern. Und der Zauberer ist auch gar nicht mehr böse auf mich. Und ...
> Langsam. Ich erzähle euch alles der Reihe nach. Nachdem ich alle Prüfungen bestanden hatte (erinnert ihr euch noch an die Drachen und das Zauberbuch), hat mich der große Zauberer bei sich aufgenommen. Viele Zaubertricks habe ich schon gelernt. Jetzt kann ich es sogar donnern lassen. Nur der Regen und die Sonne wollen mir noch nicht so recht gehorchen. Es gibt auch Dinge, die kann selbst mein großer Zauberer nicht.
> Aber nun verrate ich euch ein Geheimnis: Man kann nicht schreiben und lesen zaubern. Ist das nicht verrückt: Lesen und Schreiben müssen selbst

die größten Zauberer mühsam lernen. Schade! Und ich dachte, ich könnte es einfacher haben als die Tobis und ihr. Ich war schon ganz traurig. Aber dann hat mich der große Zauberer wieder auf die Reise geschickt. Ich sollte noch einmal zu den Drachen gehen und dann über den Berg und über den See in den Buchenwald, und da würde ich das Lesen und Schreiben schon lernen.
Also bin ich losmarschiert. Das war vielleicht anstrengend. Aber die Drachen haben mir dann geholfen und mich über den Berg und über den See geflogen und vor dem Wald abgesetzt. Im Wald können sie nämlich so schlecht landen.
In dem Buchenwald habe ich dann gesehen, was mein großer Zauberer meinte. Ihr werdet es kaum glauben. Mitten im Wald fand ich ein großes Haus. Auf dem Türschild stand: „Rechtschreibwerkstatt". Hier also lernen die Zauberer und Elfen und Zwerge und Gnome und all die vielen Waldgeister das Lesen und Schreiben. Ihr könnt euch gar nicht vorstellen, wie toll es hier ist. Hier gibt es viele Zimmer, in denen man ganz viel über die Rechtschreibung lernen kann. Und in jedem Zimmer kann man etwas Neues lernen. Das ist vielleicht spannend! Ach, ich würde mir wünschen, ihr könntet auch in die Rechtschreibwerkstatt kommen.
Ich male euch einmal ein Bild von der Rechtschreibwerkstatt. Dann kann ich euch besser erzählen, wie es hier aussieht. Sagt doch bitte Leo, dass er einmal hier in den Buchenwald kommen soll. Dann kann er meine Post abholen.
Bis bald,
euer Lulu

Natürlich werden alle gespannt sein und Leo sofort wieder auf die Reise schicken. Aber vorher werden noch kurze Briefe an Lulu geschrieben. Schließlich wollen alle Kinder zeigen, was sie schon alles gelernt haben.

Solange die Kinder auf eine Antwort warten, bleibt ausreichend Zeit, um einmal gemeinsam zu überlegen, was denn überhaupt in einer Rechtschreibwerkstatt gemacht wird. *Wofür mögen die vielen Zimmer wohl sein? Was kann man in einem Rechtschreibzimmer wohl lernen? Wörter, Laute, Sätze?*

Hier lässt sich mit den Kindern reflektieren, was sie schon alles über das Schreiben und die Rechtschreibung wissen. Wie entstehen Wörter und Sätze und Texte? Es hat was mit unserer Sprache zu tun, mit dem Sprechen und Hören und den Buchstaben, die wir den Lauten zuordnen. Das ist nicht alles beliebig und zufällig, sondern irgendwie geordnet. Was wissen wir schon über diese Ordnung? Es gibt Laute, die immer mit dem gleichen Buchstaben geschrieben werden (viele Konsonanten). Manchmal haben wir auch zwei verschiedene Laute für einen Buchstaben (Vokale) und manchmal schreiben wir für einen Laut gleich mehrere Buchstaben.

Schon in der ersten Klasse können Kinder angeregt werden, über die Rechtschreibung nachzudenken und die grundlegenden Prinzipien herauszufinden. Allerdings sollten sie hierfür schon ein ausreichendes Gespür für die Laut-Buchstaben-Beziehung entwickelt haben. Diese „Lautgrammatik" ist deshalb so interessant, weil sie (auf einer einfachen Ebene) recht regelhaft ist. Deshalb kann den Kindern anhand der Lautgrammatik eine Vorstellung über die Ordnung der gesamten Rechtschreibung vermittelt werden.

Nach einigen Tagen ist Leo wieder da – natürlich mit Post von Lulu. Es ist ein langer Brief und ein schön gemaltes Haus. Das Haus wird den Kindern am Tageslichtschreiber gezeigt.

Die Rechtschreibwerkstatt

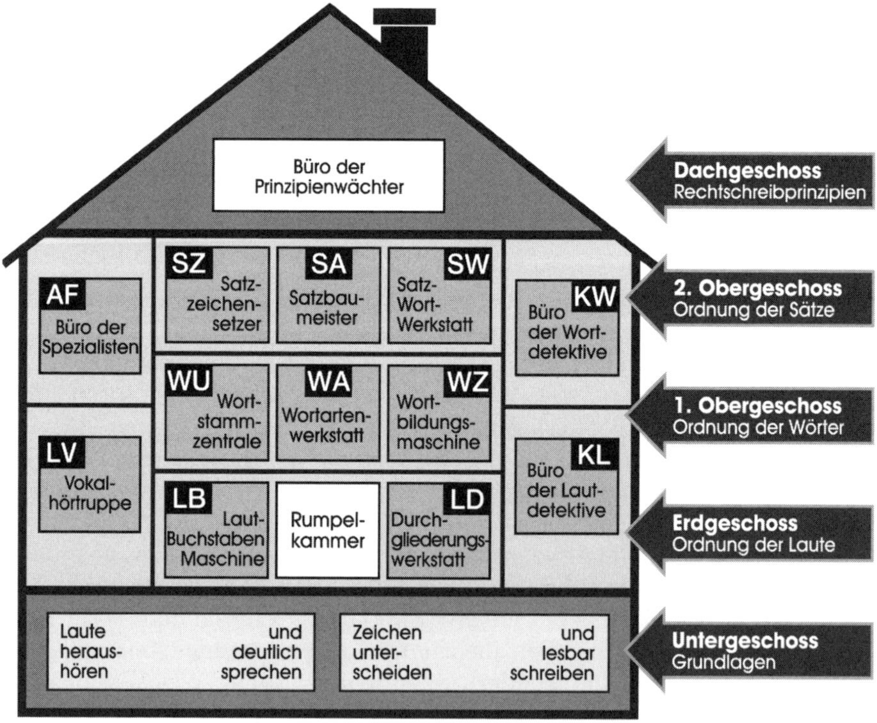

aus: http://www.rechtschreib-werkstatt.de/

Als ich in der Rechtschreibwerkstatt im Buchenwald ankam, wurde ich von Graf Ortho schon erwartet. Mein großer Zauberer hatte ihm schon geschrieben, dass ich kommen würde. Graf Ortho ist der Chef der Rechtschreibwerkstatt. Zuerst hat er mir mein Zimmer gezeigt. Ich wohne mit „Flitzblitz" auf einem Zimmer. Eigentlich heißt er ja ganz anders. Aber er ist unheimlich schnell und deshalb nennen ihn alle nur Flitzblitz. Das ist ein ganz lustiger kleiner Waldgeist, der immer nur Unfug im Kopf hat. Er ist schon seit einem Jahr hier und inzwischen schon ein Geselle.
Graf Ortho und Flitzblitz haben mir dann die Werkstatt gezeigt. Wir sind durch das ganze Haus gegangen. Das ist echt toll. Da kann man wirklich viel lernen. Schön, dass ich bei den Tobis schon lesen und abschreiben gelernt habe. Deshalb darf ich auch direkt als Lehrling im Erdgeschoss arbeiten.
Sonst sitzen die Neulinge unten im ***Keller*** und üben erst einmal *Laute heraushören, Zeichen unterscheiden* und *Buchstaben schreiben.* Das ist ganz wichtig. Denn wenn man das nicht kann, wird man auch nicht richtig schreiben lernen. Und weil das so wichtig ist, müssen alle Lehrlinge und Gesellen immer wieder im Keller Laute heraushören und Schönschreiben üben.
Im ***Erdgeschoss*** arbeiten die Lehrlinge. Hier gibt es Zimmer, in denen man lernt, wie die Laute und Buchstaben zusammengehören. Vieles kannte ich ja schon. Aber es gibt auch Laute, die sind ganz schwierig herauszuhören. Und bei manchen Lauten schreiben wir ganz komische oder auch mehrere Buchstaben. „Der Frosch quakt" hat mir Flitzblitz aufgeschrieben. Für den Laut <sch> schreiben wir drei Buchstaben und für <kw> einen ganz komischen, den ich noch gar nicht kannte. All so etwas kann man im Erdgeschoss lernen.
Wir sind dann durchs ***linke Treppenhaus*** nach oben gegangen. Hier gibt es ein Zimmer, in dem man lernt, warum wir manche Wörter mit „ie" oder zwei gleichen Buchstaben schreiben, z. B. „liebe Mutter". Flitzblitz meint, dass das gar nicht so schwer ist. Da muss man einfach nur gut hören können. Deshalb nennen die Leute dieses Zimmer auch das Büro der Vokalhörtruppe.
Im ***1. Obergeschoss*** arbeiten die Gesellen. Hier lernen wir etwas über die Wörter: wie die Wörter aufgebaut sind, was für Unterschiede es gibt und wie man sie verändern kann. Bei „Haus" und bei „Baum" schreiben wir einen großen Buchstaben am Anfang. Hier gibt es ein Zimmer, da lernt man, bei welchen Wörtern wir große Buchstaben und bei welchen wir kleine schreiben. Und dann ist da noch ein Zimmer, in dem man lernt, wie man neue Wörter macht. Flitzblitz arbeitet hier. Er denkt sich den ganzen Tag neue Wörter aus und schreibt sie auf. Das wird sicherlich einen Riesenspaß machen, hier zu arbeiten.
Im ***linken Treppenhaus*** gibt es dann noch ein Zimmer. Das ist voller Wörterbücher und mit vielen Regalen. Hier kannte sich Flitzblitz noch

nicht aus. Er sagte, dass man hier die vielen Wörter lernt, die irgendwie anders geschrieben werden. Warum schreiben wir z. B. „Zoo“ mit zwei „o“ oder „See“ mit zwei „e“ oder „Pferd“ mit „pf“ und „Zahn“ mit „h“. Flitzblitz meint, ich solle mir bloß keine Sorgen machen. Wenn man bis hierher gekommen ist, dann lernt man das auch noch.

Im ***2. Obergeschoss*** sitzen die Meister. Sie kennen sich mit den Sätzen aus. Wann man einen Punkt und wann ein Komma setzt. Hier lernt man auch, richtige Sätze zu bilden. Da kann man nicht einfach ein Wort auslassen, hat Graf Ortho erklärt.

Die Büros im ***Dachgeschoss*** will mir Graf Ortho ein andermal zeigen. Die Prinzipienwächter waren gerade mit etwas sehr Schwierigem beschäftigt, und da wollte Graf Ortho nicht stören.

Durchs ***rechte Treppenhaus*** sind wir dann wieder nach unten gegangen. Hier waren noch zwei Zimmer. Da sitzen die Detektive. Die prüfen alle Texte, die in der Rechtschreibwerkstatt geschrieben werden und schauen nach, ob da Fehler drin sind. Manche schauten in Wörterbüchern nach, andere saßen vor dem Computer und manche hatten große Lupen, mit denen sie gelesen haben. Die waren alle unheimlich nett, und ich freue mich schon, bei den Meisterdetektiven zu arbeiten.

Tja, und dann waren wir wieder im Erdgeschoss. Und ganz zum Schluss haben mir die beiden das schönste Zimmer im ganzen Haus gezeigt. Das ist die ***Rumpelkammer***. Wisst ihr, was eine Rumpelkammer ist? Also da stehen viele Kisten mit ganz vielen Zetteln, auf denen Wörter stehen. Jeder Lehrling und jeder Geselle hat hier eine Kiste. Graf Ortho hat mir das so erklärt: Solange ich noch kein Meister bin, brauche ich auch nicht alle Wörter richtig schreiben zu können. Das geht ja auch gar nicht, weil ich ja vieles noch gar nicht weiß. Aber natürlich kann ich alles schreiben, was ich schreiben möchte. Nur noch nicht so, wie die Meister das machen. So, und jetzt kommt’s. Alle Wörter, die ich noch nicht erklären kann, die ich also erst später lernen werde, sammel ich in meiner Rumpelkammerkiste. Jedes Mal wenn ich in einem Zimmer alles gelernt habe und ins nächste Zimmer vorrücke, schaue ich in meiner Rumpelkammerkiste nach, ob ich die Wörter jetzt verstehen kann. Und dann sortiere ich die wieder aus.

In der Rumpelkammer habe ich dann auch meinen ersten Arbeitstag verbracht. Flitzblitz hat mit mir zusammen einen Text durchgelesen, und ich habe alle Rumpelkammerwörter herausgesucht. Das war ganz schön schwierig. Ich musste alle Wörter finden, die nicht so geschrieben werden, wie wir sie sprechen.

Ihr könnt es ja einmal ausprobieren. Ich habe Leo ein Blatt mit dem Text mitgegeben. Könnt ihr schon alle Rumpelkammerwörter herausfinden?

So, jetzt bin ich müde. Morgen fange ich im LB-Zimmer an. Ich bin schon gespannt, was es da zu lernen gibt.

Viele Grüße auch an die Tigerente. Habt ihr etwas Neues von den Tobis gehört? Schreibt mir doch mal.
Bis bald
euer Lulu

Am Anfang geht es darum, den Kindern in groben Zügen die Ordnung der Rechtschreibung zu vermitteln. Je nach Zusammensetzung der Klasse wird man diese Einführung kürzer als oben beschrieben gestalten müssen.

Anhand der Rechtschreibwerkstatt kann den Kindern veranschaulicht werden, was sie bereits gelernt haben, wo sie jetzt „stehen" und was sie noch alles schaffen müssen, um orthografisch richtig schreiben zu können (erstes Schuljahr: Fundament, zweites Schuljahr Erdgeschoss).

Die Kinder sollen eine Vorstellung davon aufbauen, dass die Rechtschreibung geordnet und überschaubar ist. Sie brauchen keine Sorge zu haben, wenn sie jetzt noch vieles nicht so schreiben wie die Erwachsenen. Irgendwann werden sie alles richtig schreiben können. Schritt für Schritt, Zimmer für Zimmer werden sie sich im Laufe der nächsten vier Jahre die Rechtschreibung erarbeiten. Dabei werden die Kinder nicht gleich schnell lernen. Einige brauchen viel Zeit, um die Prinzipien im Erdgeschoss zu verinnerlichen, andere brauchen Zeit für das erste Obergeschoss. Wichtig ist, dass jeder in seinem Tempo die einzelnen Lernschritte bewältigen kann und nicht einzelne Lernschritte überspringt.

Die Rumpelkammer

Damit den Kindern die Bedeutung der Rechtschreibwerkstatt noch verständlicher wurde, habe ich sie dazu angeregt, einen beliebigen Text mit sämtlichen Rechtschreibphänomenen einmal nach „Rumpelkammerwörtern" zu untersuchen. Was können wir schon richtig schreiben? – Wörter die wir so schreiben, wie wir sie sprechen – wenn wir deutlich sprechen. Rumpelkammerwörter sind für uns also alle Wörter, bei denen wir etwas anderes schreiben, als wir sprechen. Der Begriff „Rumpelkammer" wur-

> Ein grüner Frosch sitzt im hohen Gras. Er quakt laut. Die Mücken tanzen wild und frech. Mit der Zunge probiert der Frosch sie zu fangen. Zuerst ist er erfolglos. Aber er bleibt geduldig. Kurze Zeit später schafft er es doch. Schnell wie der Blitz fängt er eine Mücke: Das ist eine Mücke weniger, die ihm um die Nase schwirrt.
>
> MH

de von Professor Naumann im Zusammenhang mit Ausnahmebeschreibungen geprägt. Von ihm stammt auch die Idee, die Ordnung der Rechtschreibung im Bild eines Hauses mit mehreren Etagen darzustellen.

Die ersten Wörter haben wir am Tageslichtschreiber gemeinsam bearbeitet (sitzt → Weshalb wird der Laut <z> hier als tz verschriftet?, hohen → Warum wird das Wort mit h geschrieben? quakt → Woher weiß ich, ob das Wort mit g oder k geschrieben wird?). Danach haben die Kinder einzeln weitergearbeitet. Jedes Kind bekam den Text als Arbeitsblatt und sollte alle „Rumpelkammerstellen“ markieren. Es war erstaunlich, wie konzentriert die Kinder hierbei arbeiteten und ganz eigenständig fast alle Rumpelkammerstellen richtig fanden. Selbst Kinder, die den Text noch nicht vollständig im ganzen Textzusammenhang sinnentnehmend erlesen konnten, waren in der Lage, die meisten „Rumpelkammerwörter“ von lauttreuen Wörtern richtig zu unterscheiden.

Vom Fundament zum Erdgeschoss

Die Übungen im Fundament der Rechtschreibwerkstatt werden im Hör-, Schreib- und Sehpass protokolliert. Mit der Einführung des Abschreibheftes und des Modellwortschatzes werden neue Protokollbögen notwendig. Es empfiehlt sich, an dieser Stelle eine Zäsur zu machen und ein neues Protokollheft einzuführen. Alternativ können auch die Aufgabenhefte zum Modellwortschatz genutzt werden, die ebenfalls Protokollseiten für die verschiedenen Übungen enthalten. Dies macht den Kindern deutlich, dass sie aus dem Anfangsstadium heraus sind und nun eine neue Lernstufe beginnt.

Laute und Buchstaben zuordnen	U	LB

Ich kann alles richtig schreiben, wenn ich ...	Folgende Übungen helfen mir:
... lesbar schreibe, ... die Lautfolge in eine korrekte Buchstabenfolge übertrage.	– Abschreibtexte – Modellwortschatz – Wörterlisten – Bildkarten sortieren – Wörter sortieren (MWS) – Bilderfenster – Aufgaben für Spürnasen – Such- und Sortieraufgaben – Rumpelkammer aufräumen

Abschreiben

A 2	Abschreibtexte
1	
2	
3	
4	
5	
6	
7	
8	
9	
10	
11	
12	
13	
14	

A 2	Abschreibtexte
1	
2	
3	
4	
5	
6	
7	
8	
9	
10	
11	
12	
13	
14	

LB/LD
Laut-Buchstabe

Markiere alle Stellen, wo du etwas anderes hörst, als du schreibst.

____
____
____
____

Lernkartei

• Wörter bearbeiten	

• Wörter bearbeiten	

LB/LD
Laut-Buchstabe

Neue Wörter	
1	
1	
2	
2	
3	
3	

Wenn die Abschreibtexte und der Modellwortschatz zusammen mit der Rechtschreibwerkstatt eingeführt werden, ist ihnen leicht verständlich zu machen, dass sie für die Übungen im Erdgeschoss ein neues Protokollheft benötigen.

Der Rechtschreibpass ist eine konsequente Fortführung des Hör-, Schreib- und Sehpasses. Auf einem Deckblatt werden die Übungen aufgeführt, die dem Kind weiterhelfen, sich im „LB-Zimmer“ immer besser auszukennen. Zu jeder Übung wird dann ein entsprechender Protokollbogen in den Rechtschreibpass geheftet. So weiß das Kind immer, welche Übungen ihm helfen können. Am Anfang wird man in den Übungsstunden den Kindern die Übungen vorgeben. Auf Dauer sollten sie dann selbst entscheiden, welche Übungen sie in der Trainingsstunde machen wollen. Dies stärkt die Methodenkompetenz.

In den Protokollbogen der Abschreibtexte tragen die Kinder das Datum ein, wenn sie einen Text fertig geschrieben haben.

Im Protokollbogen zum Modellwortschatz notieren die Kinder das Datum und die Anzahl der geübten Wörter. Welche Wörterkarten aus dem Modellwortschatz sie für diese Übungen nutzen können, ist rechts unten aufgeführt.

Auch die anderen Übungen, wie z. B. Bildkarten sortieren und Übungen mit der Lautkartei (s. S. 118 ff.) werden im Rechtschreibpass notiert.

Reflexion

Durch den Umgang mit dem Seh-, Schreib- und Hörpass war den Kindern das Protokollieren von Arbeitsergebnissen vertraut. Die Einführung des Rechtschreibpasses bereitete keine Schwierigkeiten. Dies zeigt auch, wie wichtig es ist, bestimmte Methoden beizubehalten und bei der Einführung darauf zu achten, dass die Vorgehensweise automatisiert ist.

LB-Zimmer mit Laut-Buchstaben-Zuordnung

Im LB-Zimmer sollen die Kinder ein Gespür für die regelhaften Laut-Buchstaben-Zuordnungen entwickeln. Voraussetzung hierfür ist es, dass sie die Einzellaute in einem Wort sicher differenzieren (heraushören) können. Schreibübungen dienen dazu, diese Zuordnung immer wieder anzuwenden. Erst wenn das Schreibgespür gefestigt ist und die Kinder freie Texte weitgehend lauttreu schreiben können, ist es sinnvoll, einzelne schwierige Zuordnungen und Besonderheiten aufzugreifen.

Hörübungen

Auch wenn die Kinder bereits lesen und richtig abschreiben können, ist es wichtig, mit ihnen immer wieder Übungen zum Heraushören von Lauten zu machen. Es reicht nicht, wenn ein Kind alle Laute heraushören kann. Entscheidend für die Übertragung der gesprochenen Sprache in Schriftzeichen ist vor allem, in welcher Geschwindigkeit dieser Prozess im Gehirn abläuft. Je schneller und treffsicherer die Sprache in Laute (Lautfolgen) zerlegt werden kann und Buchstaben zugeordnet werden können, desto besser gelingt auch das lauttreue Schreiben.

Am effektivsten hierfür sind bildgestützte Hörübungen, da hier die Kinder in kurzer Zeit viele Analyseaufgaben bewältigen und dementsprechend viel üben.

- Für die Lautübungen können Bildkarten mit Markierungen als Lösungshilfe genutzt werden (Bildkarte LB). Die Kinder suchen aus einem Päckchen Bildkarten alle heraus, die mit einem bestimmten Laut beginnen (aufhören). Hierzu müssen sie alle abgebildeten Begriffe sprechen und auf den Laut am Anfang achten. Über die Punktemarkierung am Rand können sie selbstständig kontrollieren, ob sie die richtigen Wörter gefunden haben. Auch wenn sie in einem Päckchen mit 40 Bildkarten nur sechs richtige Lösungen finden, so haben sie doch 40 Wörter gesprochen und an allen Wörtern den Laut am Wortanfang bestimmen müssen. Sie üben mit solchen Sortieraufgaben in kurzer Zeit ein Vielfaches von dem, was sonst üblicherweise über Arbeitsblätter an Übungen angeboten wird.

- Zunächst werden nur die Laute am Wortanfang, dann am Wortende und schließlich auch im Wortinneren herausgesucht. Später können mithilfe der Bildkarten auch ganze Wörter mit den Buchstaben gelegt und dann geschrieben werden (Bildkarte LD). Für diese Übung können jedoch nur Bildkarten von Wörtern genutzt werden, die auch lauttreu geschrieben werden.

Reflexion

Bei den weiterführenden Hörübungen ist es hilfreich, an die anfänglichen Übungen, die mit dem Hör-, Schreib- und Sehpass eingeführt wurden, anzuknüpfen.

Lautübungen

Zu Beginn des Schuljahres waren die Hörübungen auf den Bereich des Anlautes reduziert. Mit der Bildkartei Klasse 1 konnten die Kinder zu jedem neuen Buchstaben das Hören im Bereich des Anlautes sichern. Erst als sie alle Buchstaben mithilfe ihres Seh-, Schreib- und Hörpasses erarbeitet hatten, bot ich ihnen differenziertere Hörübungen an: Jetzt sollten sie auch die Zuordnungen für die Laute am Wortende und im Wortinneren sichern und festigen. Dazu stellte ich ihnen eine nach Schwierigkeitsstufen sortierte Bildkartei (Bildkartei LB, Collishop) mit dazugehörigen Sortierunterlagen zu den unterschiedlichen Lernstufen (Hängemappen) zur Verfügung.

Schwierigkeitsstufen für die Lautübungen

1 **Anlaut: Vokale/Diphthonge** (A, E, I, O, U, Au, Ei, Eu)
2 **Anlaut: Dauerkonsonanten 1** (F, L, M, N)
3 **Anlaut: Dauerkonsonanten 2** (R, S, Sch, W)
4 **Auslaut: Vokale** (a, e, i, o, u)
5 **Auslaut: Konsonant** (f, l, m, n, r, s, t)
6 **Auslaut: Vokal-Konsonant** (el, en, er)
7 **Auslaut: Konsonant-Vokal„e“** (te, fe, le, ne, re)
8 **Auslaut: Konsonant-Vokal„e“** (be, ge, ke, nge, pe, sche, se, ste, ze)
9 **Anlaut: Plosiva 1** (B, D, G, H)
10 **Anlaut: Plosiva 2** (K, P, T, Z)
11 **Anlaut: Konsonantenfolgen** (Bl, Fl, Gl, Kl, Schl; Br, Dr, Fr, Gr, Kr, Schr, Tr; Sp, St)
12 **Auslaut: Laut-Buchstabenfolge** (ch, er, ng, sch)
13 **Inlaut: Vokal (kurz)** (a, e, i, o, u)
14 **Inlaut: Vokal (lang)** (a, e, i, o, u)
15 **Inlaut: Diphthonge/Umlaut** (au, ei, eu, ä, ö, ü)
16 **Inlaut: Konsonanten (V-K-V)** (d, f, g, l, m, s, t)

Zu den Sortiertafeln hatten die Kinder Bildkarten und eine entsprechende Aufgabenkartei (Unterteiler zu den Bildkarten).

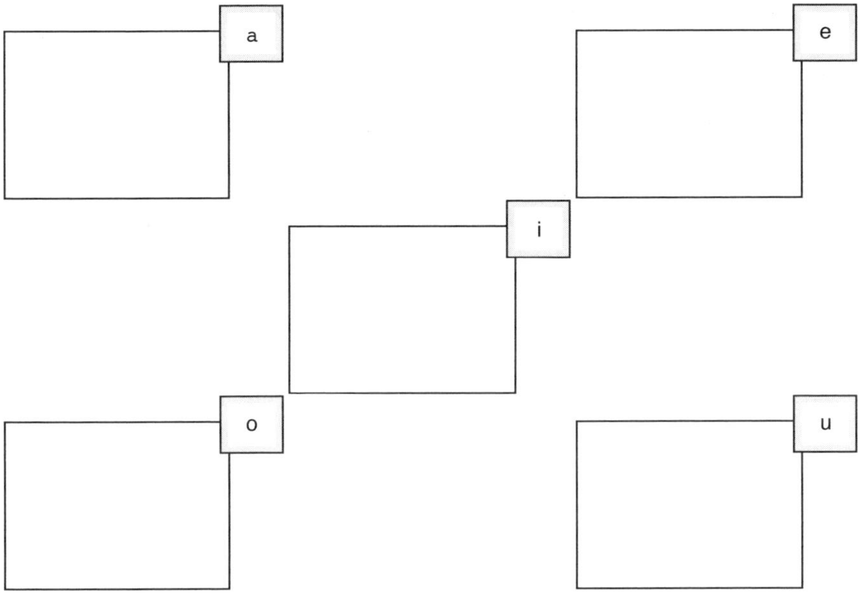

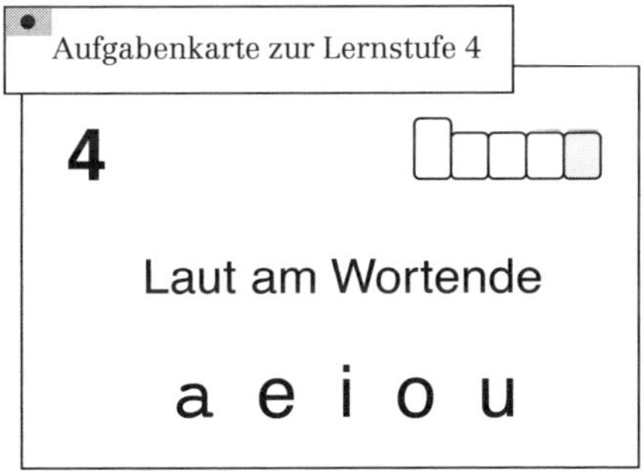

Den Kindern erklärte ich kurz die Bedeutung der Markierungen auf den Aufgabenkarten: *Woran erkennt man, ob es sich um eine Anlautübung, eine Auslautübung oder eine Inlautübung handelt?*

Die Übung selbst bereitete keine Schwierigkeiten, da die Kinder ja Sortierübungen mit den Bildkarten von den Anlautübungen bereits kannten. Ich brauchte ihnen nur noch zu zeigen, wo sie die Übungen in ihrem Rechtschreibpass protokollieren sollten und wo sie die Lösungskarten zu den Sortieraufgaben finden konnten.

Reflexion

Durch die Übungen mit der Bildkartei Klasse 1 wussten die Kinder sofort, worum es geht. Nachdem ich ihnen die Aufgabenkarten und das Protokollieren kurz erklärt hatte, konnten sie eigenständig an den Hörübungen weiterarbeiten. Hier zeigte sich erneut, wie hilfreich es ist, sich auf einige wenige ertragreiche Standardübungen zu konzentrieren. Es erspart gerade bei differenzierten Übungen (die Kinder begannen zu unterschiedlicher Zeit mit dem Rechtschreibpass) viel „Erklärungszeit". Wie selbstverständlich hielten sich die Kinder an die Arbeitsfolge:

- Material an den Tisch holen (Aufgabenkarten, dazugehörige Bildkarten und entsprechende Sortiertafel)
- Bildkarten sortieren (dabei Wort leise sprechen)
- Lösungen zählen und Ergebnis kontrollieren
- Lösungen und Datum im Rechtschreibpass eintragen
- Aufräumen

Seit der zweiten Hälfte des Schuljahres, nachdem alle Kinder ihren Hör-, Schreib- und Sehpass durchgearbeitet hatten, haben die Kinder regelmäßig eine Stunde in der Woche an den Sortieraufgaben mit den Bildkarten gearbeitet. Diese Stunde war als Hörstunde fester Bestandteil des Unterrichts.

Schreibübungen

Als Schreibübungen waren die Abschreibübungen und die Arbeit mit dem Modellwortschatz am effektivsten. Alle anderen Übungen sind in der Regel viel zu aufwändig und führen kaum zu einem deutlich messbaren Ertrag. Es war auch nicht notwendig, aus Motivationsgründen „schön verpackte" oder „spielerische" Übungen anzubieten. Die regelmäßigen Kontrollen des Lernfortschritts (s. S. 124 ff.) waren Motivation genug, sich dauerhaft mit diesen beiden Übungen zu beschäftigen.

Die regelhaften Laut-Buchstaben-Zuordnungen werden dann am schnellsten verinnerlicht, wenn die Kinder vornehmlich solche Texte abschreiben, die nur eindeutige Zuordnungen enthalten. Deshalb habe ich für diese Übungen vorgefertigte Abschreibtexte verwendet, in denen keine Ausnahmeschreibungen auf der Laut-Buchstaben-Ebene vorkamen.

Sortier- und Suchaufgaben

Als weitere Übung im LB-Zimmer wurde der Modellwortschatz genutzt, um bestimmten rechtschriftlichen Phänomen auf die Spur zu kommen. Hierzu nutzte ich Such- und Sortieraufgaben. Diese eignen sich vor allem dazu, die Kinder in kleinen Lerngruppen die Regelhaftigkeiten der Laut-Buchstaben-Zuordnung selbst entdecken zu lassen.

Da der Lernstand zu diesem Zeitpunkt sehr unterschiedlich war, wurden die Suchaufgaben selten im Klassenverband durchgeführt. Meist arbeiteten die Kinder alleine oder zu zweit. Dabei lasen sie sich gegenseitig die gefundenen Wörter vor.

Auf der Lautebene lassen sich in Partnerarbeit auch vielfältige differenzierte Hörübungen mit der Lernkartei gestalten.

Beispiele für Hörübungen
Sprecht euch gegenseitig die Wörter aus der Lernkartei vor. Einer liest das Wort, der andere nennt den Laut am Wortanfang/Wortende.
Sucht alle Wörter heraus, bei denen ihr am Wortanfang (am Wortende, im Wortinneren) ein <a> hört.

In den Aufgabenheften zum Modellwortschatz sind vielfältige Aufgaben zum Lernbereich der Laut-Buchstaben-Zuordnung zusammengefasst. Neben Such- und Sortieraufgaben enthalten die Aufgabenhefte auch „Aufgaben für Spürnasen“. Hierdurch werden die Kinder angeregt, über die Rechtschreibung nachzudenken und ihr Wissen in „Eigenregeln“ aufzuschreiben.

LB 21 Die Buchstabenfolge ch

Die Buchstabenfolge **ch** kann für zwei verschiedene Laute geschrieben werden, wenn ihr die Buchstabenfolge **sch** nicht berücksichtigt.

In diesen Wörtern klingt das ch dunkel:
Bach, Bauch, brauchen, Buch, Fach, hoch, Knochen, kochen, lachen, Loch, machen, Nacht, Rauch, Sache, schwach, suchen, tauchen, Tochter, Tuch, wachen, Woche

In diesen Wörtern klingt das ch hell:
brechen, echt, frech, Geschichte, Gesicht, gleich, Küche, leicht, leuchten, Licht, Milch, rechnen, reich, reichen, richten, schlecht, schleichen, sicher, sprechen, stechen, streichen, weich

Wir können die Vokale nach der Art ihres Klanges unterteilen:

dunkel: a o u au

hell: e i ei eu ä ö ü

Steht vor dem **ch** ein dunkel klingender Vokal, wird das ch auch dunkel gesprochen.
Steht vor dem **ch** ein heller klingender Vokal, wird das ch auch hell gesprochen.

Bei der Ableitung von einem Wort kann sich der Klang ändern. So sprechen wir beispielsweise **Bach** mit dunklem ch und die Mehrzahl **Bäche** mit hellem ch.
Im Lernbereich WU werdet ihr mehr zu solchen Ableitungen erfahren.

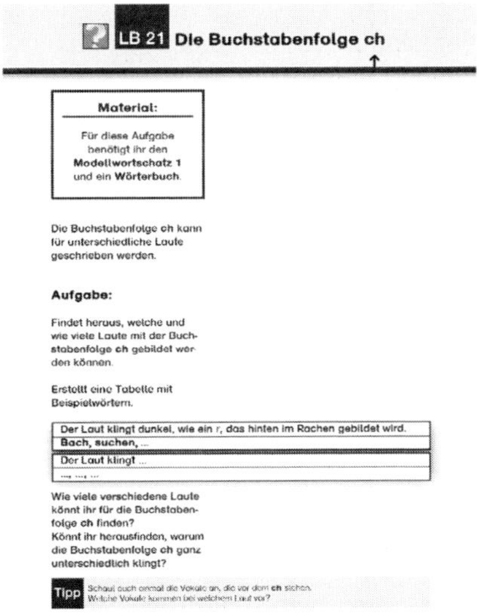

LB 21 Die Buchstabenfolge ch

Material:
Für diese Aufgabe benötigt ihr den **Modellwortschatz 1** und ein **Wörterbuch**.

Die Buchstabenfolge ch kann für unterschiedliche Laute geschrieben werden.

Aufgabe:

Findet heraus, welche und wie viele Laute mit der Buchstabenfolge **ch** gebildet werden können.

Erstellt eine Tabelle mit Beispielwörtern.

Der Laut klingt dunkel, wie ein *r*, das hinten im Rachen gebildet wird.
Bach, suchen, ...
Der Laut klingt ...
..., ..., ...

Wie viele verschiedene Laute könnt ihr für die Buchstabenfolge ch finden?
Könnt ihr herausfinden, warum die Buchstabenfolge ch ganz unterschiedlich klingt?

Tipp Schaut euch einmal die Vokale an, die vor dem **ch** stehen.
Welche Vokale kommen bei welchem Laut vor?

7 Lernstandskontrollen – Erfolgsrückmeldungen zur Förderung von Motivation und Reflexion

Lernstandskontrollen

Die Motivation zum Lernen wird (nicht nur bei Kindern) vom Ziel bestimmt. Kinder, die ein bestimmtes Ziel vor Augen haben, sind auch bereit, hierfür Kraft und Anstrengung einzusetzen. Daher ist es wichtig, von Beginn an das Ziel, Lesen und Schreiben zu lernen, immer wieder neu als etwas Verlockendes darzustellen. Lesen wird über Vorlesen für die Kinder interessant. Und auch das Schreiben und Sich-mitteilen-Können wird als etwas Spannendes vermittelt.

Das Ziel allein reicht zum Aufbau einer Lernmotivation bei Kindern jedoch nicht aus, da sie noch in viel kleineren Zeitabschnitten denken als Erwachsene. Ein Ziel, was erst in einem, zwei oder gar zehn Jahren zu erreichen ist, lässt keine Motivation entstehen. Daher ist es wichtig, das Ziel einzugrenzen und für die Kinder überschaubar zu machen. Hierzu dient der Hör-, Schreib- und Sehpass. Aber auch die Buchstabentafel, die vom ersten Schultag an in der Klasse hängt, gibt ihnen einen Überblick über die Buchstaben, die sie bald lernen werden. Später wird diese Funktion vom Rechtschreibpass und dem Bild des Rechtschreibhauses übernommen.

Von diesem Ziel, das für die Kinder erreichbar ist, geht eine Anfangsmotivation aus, die nur dann aufrechterhalten bleibt, wenn die Kinder konsequent und fortlaufend Rückmeldung darüber bekommen, was sie schon können und inwieweit sie dem Vorhaben schon nähergekommen sind. Motivierend wirken hierbei in der Regel nur positive Rückmeldungen *(Jetzt kann ich schon mehr als noch vor einigen Wochen).* Nur auf dem Hintergrund einer positiven Lernstruktur und einer stabilen Erfolgszuversicht können auch einmal Rückschläge zur Stärkung der Motivation führen. Lang andauernde Misserfolgsrückmeldungen wirken meist demotivierend und sind daher grundsätzlich schädlich für das Lernen.

Die Lernstandskontrollen sollen

- für die Kinder verständlich sein und eine Selbsteinschätzung ermöglichen
- Erfolgszuversicht stärken
- der individuellen Förderung eines jeden Kindes dienen.

Aus diesem Grunde wurden von Beginn an verschiedene Kontrollen eingeplant und die Ergebnisse an die Kinder (und natürlich auch die Eltern) weitergegeben.

Prüfbogen zur visuellen Differenzierung und auditiven Diskrimination

Zur Überprüfung der Lernvoraussetzungen kann etwa vier Wochen nach Schulbeginn ein Prüfbogen zur visuellen Differenzierung und zum Heraushören von Lauten ausgegeben werden. (Die von mir verwendeten Prüfbö-

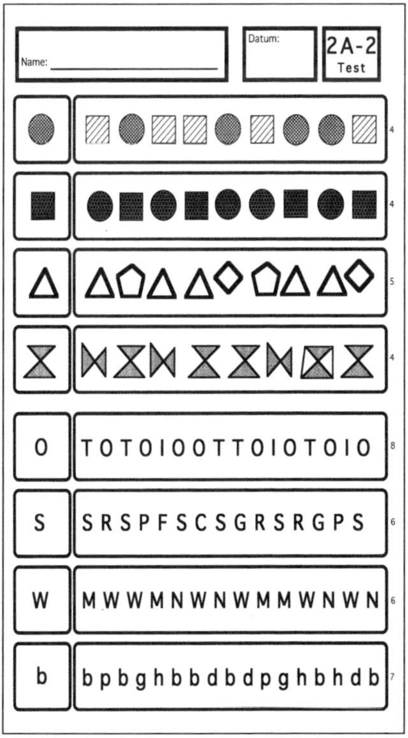

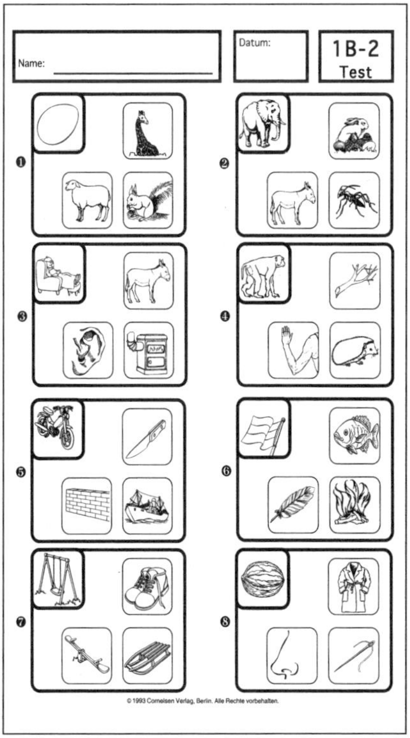

gen finden Sie als kostenlose Downloads im Internet:
download.rechtschreibwerkstatt.de – Materialien/Diagnose im Anfangsunterricht.)

Die Ergebnisse geben der Lehrerin einen Überblick darüber, wo besondere Stärken und Schwierigkeiten bei einzelnen Kindern sind. Dies kann genutzt werden, um ihnen konkrete Hilfestellungen für das Training zu geben.

So zeigte sich beispielsweise in meiner Klasse, dass nur ein Kind (ein lernbehindertes Kind, das integrativ beschult wird) im Bereich der visuellen Differenzierung in dem Prüfbogen mehr als vier Fehler machte. Ich konnte daher ganz gelassen damit umgehen, wenn einzelne Kinder die Übungen in diesem Bereich vernachlässigten. Bei einigen Kindern zeigten sich deutliche Schwierigkeiten beim Heraushören von Lauten. Diese Kinder konnte ich im Training gezielt beobachten und vor allen Dingen immer wieder ermutigen und in ihrer Arbeit bestärken.

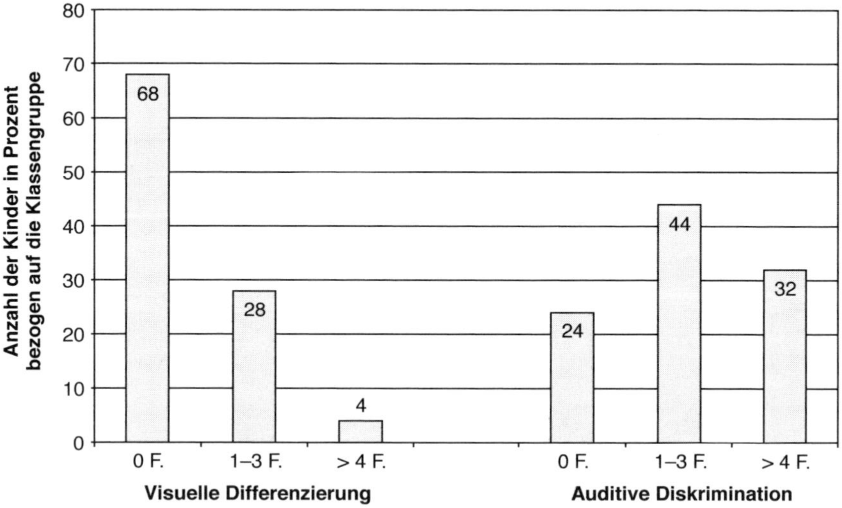

Die Wiederholung der beiden Prüfbögen kann für die Rückmeldung an die einzelnen Kinder genutzt werden. Hier können sie sehen, was sie im Training gelernt haben und dass sich die Arbeit gelohnt hat.

Bild-Wort-Test

Der Bild-Wort-Test kann durchgeführt werden, sobald die Kinder das grundlegende Prinzip der Laut-Buchstaben-Zuordnung verstanden haben und sich an ihrer Anlauttabelle orientieren können (in der Regel vor den Herbstferien). Bei der ersten Testdurchführung kann das Aufgabenblatt auch aufgeteilt an verschiedenen Tagen bearbeitet werden. Bei der Bearbeitung sollten die Kinder nicht auf ihre Anlauttabelle zugreifen, da sonst später kein sinnvoller Vergleich vorgenommen werden kann.

Bei der Durchführung des Testes erhält jedes Kind ein Blatt mit Bildern. Diese werden zunächst benannt *(Das ist ein Anker, das ein Kreuz, ein Mund …).* Wichtig ist, die Begriffe in normaler Sprache vorzugeben und nicht überdeutlich zu sprechen, da sonst das Prüfergebnis verfälscht wird und nicht mehr aussagekräftig ist. *Schreibt die Wörter unter die Bilder. Wenn ihr nicht das ganze Wort schreiben könnt, dann schreibt die Buchstaben, die ihr schon kennt.* Dann arbeiten die Kinder in Einzelarbeit. Zu jedem Bild versuchen sie, das entsprechende Wort zu schreiben.

Die Auswertung des Testes kann am Computer vorgenommen werden (Auswertungsprogramm zum Bild-Wort-Test, Lerndesign, Gießen 2004). Hierzu werden die Wörter genau so in den Computer eingegeben, wie sie von den Kindern geschrieben wurden. Die Schreibungen der Kinder werden qualitativ ausgewertet. Es können Grafiken zum Lernstand der Lerngruppe und für jedes einzelne Kind ausgegeben werden.

Die Auswertung des Bild-Wort-Testes (Eingabe in den Computer ca. 15 Minuten) gibt Aufschluss darüber, welche Laut-Buchstaben-Zuordnungen schon beherrscht werden. Die Kinder erhalten eine Rückmeldung über ihren Lernstand. Dadurch lernen sie, sich selbst einzuschätzen. Die Lehrerin erfährt über den Lernstand hinaus auch etwas über die Leistungsbreite der Klasse. Auf der Seite 128 sehen Sie zwei Beispiele aus der ersten Überprüfung im November.

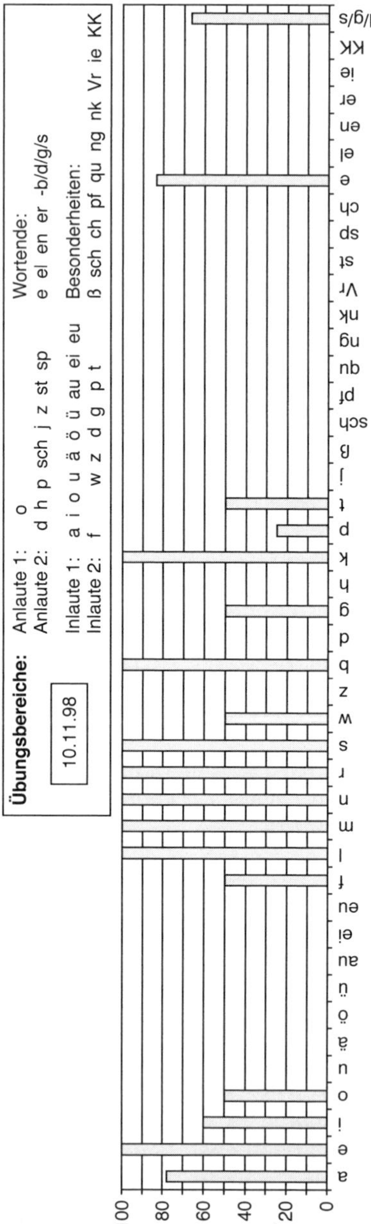

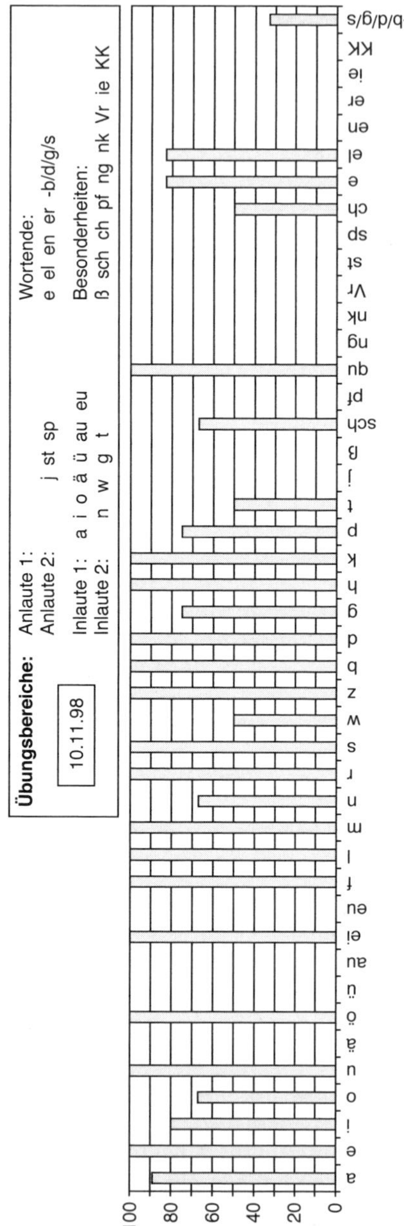

Beispiel unteres Leistungsdrittel: Diese Laut-Buchstaben-Zuordnungen werden von dem Kind noch nicht sicher beherrscht.

Beispiel oberes Leistungsdrittel: Alle Laute am Wortanfang werden bereits jetzt sicher beherrscht.

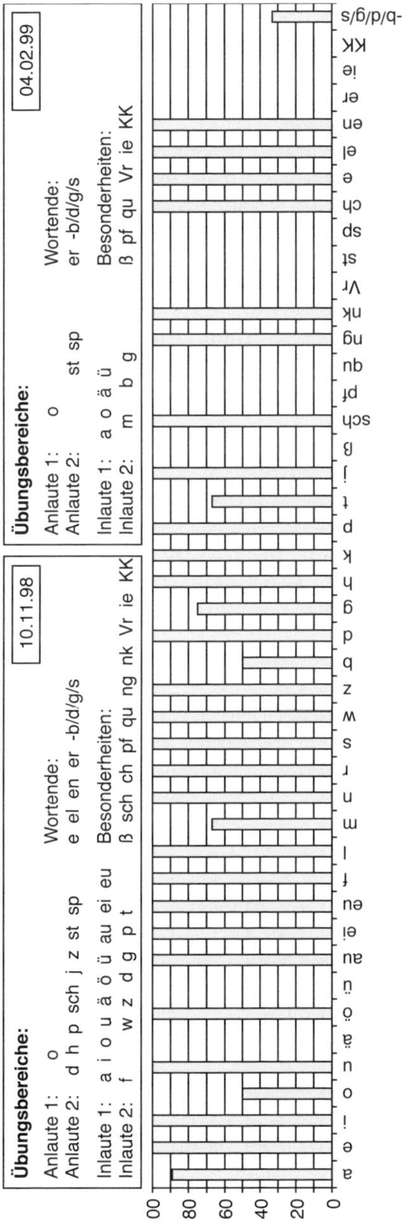

• *Beispiel unteres Leistungsdrittel (Kind 1):*
Alle Laute am Wortanfang werden nun (3 Monate später) beherrscht.

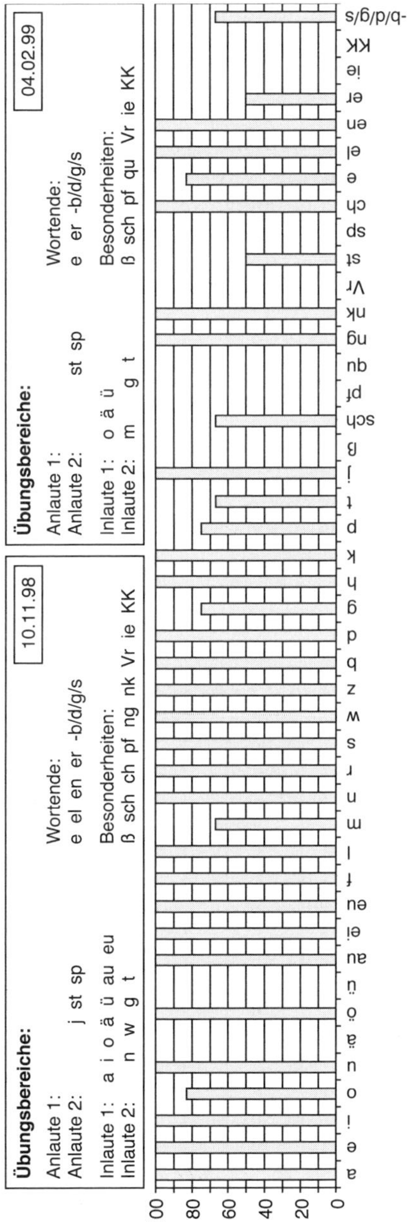

• *Beispiel oberes Leistungsdrittel (Kind 2):*
Auch die Laute im Wortinneren werden nun (3 Monate später) weitgehend beherrscht.

Die Lautübungen im Hör-, Schreib- und Sehpass hatten dazu geführt, dass bereits im November alle Kinder bis auf vier im Bild-Wort-Test alle Anlaute richtig verschrifteten. Die Auswertungsdiagramme zeigten den Kindern, was sie schon alles gelernt hatten und waren ein Ansporn, noch intensiver an den Lauten zu üben. Die meisten konnten nach der ersten Überprüfung mit den aufbauenden Lautübungen (s. S. 118 ff.) weiterarbeiten.

Nach einigen Monaten habe ich den Test wiederholt. Ein Vergleich zwischen den Testergebnissen zeigt die Lernentwicklung der Kinder.

Hier die Diagramme der ersten beiden Kinder aus dem vorherigen Beispiel (s. S. 129). Bei beiden ist der Lernfortschritt deutlich zu erkennen. Die Rückmeldung an die Kinder stärkte ihre Erfolgszuversicht und zugleich ihre Methodenkompetenz. Sie wussten nun, mit welchem Aufwand und welchen Methoden sie dieses Lernziel erreicht hatten.

Für mich war vor allem wichtig zu erkennen, wo einzelne Kinder oder die ganze Lerngruppe bereits Kompetenzen erworben hatten und wo sie noch Unterstützung benötigten. Dies gab mir Sicherheit für die weitere Planung des Trainings.

Insbesondere die Analyse einzelner schwieriger Laut-Buchstaben-Beziehungen konnte nach der Auswertung des Bild-Wort-Testes gezielt geübt werden.

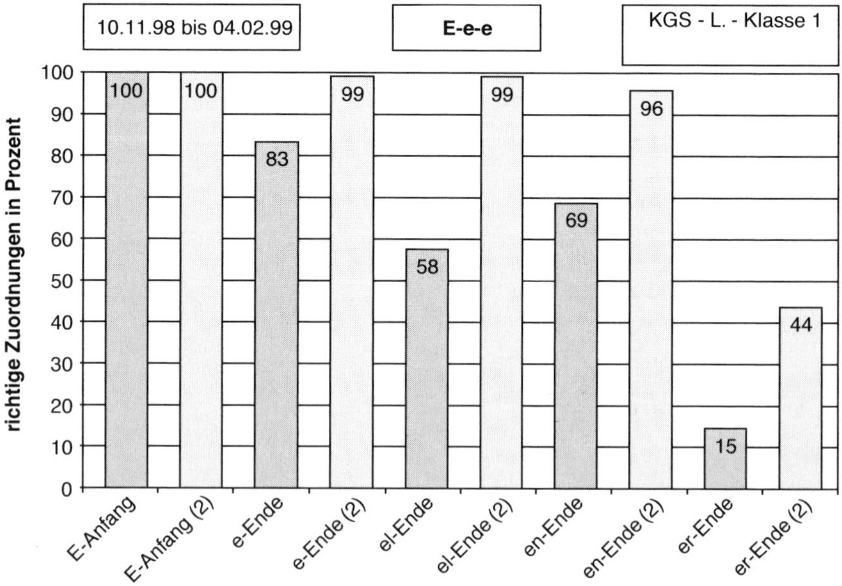

Reflexion
Die Computerauswertung des Bild-Wort-Testes war sowohl für die Kinder als auch für die Planung meines Unterrichtes außerordentlich hilfreich. Anfängliche Unsicherheiten *(verliere ich auch nicht den Überblick, wenn ich ohne Fibel arbeite)* konnten sowohl bei mir als auch bei den Eltern anhand der Lernfortschritte schnell ausgeräumt werden. Die Auswertungen zeigten aber auch die Notwendigkeit differenzierter Übungen. Einige leistungsstarke Kinder hatten bereits im November das Lernziel der Klasse 1 (bezogen auf die Laut-Buchstaben-Zuordnung) weitgehend erreicht. Sie konnten nun gezielt weitergeführt werden (Lesen, Abschreibtexte, Modellwortschatz, freies Schreiben). Genauso konnte den langsam Lernenden schon früh Gelegenheit gegeben werden, in Ruhe eine stabile Basis für die Rechtschreibung aufzubauen.

Kurze, lauttreue Texte als Diktat

Sobald die Kinder die Regelungen der Laut-Buchstaben-Zuordnungen zum großen Teil anwenden können, ist es möglich, kurze lauttreue Texte als Diktat zu schreiben. Um die Rechtschreibkompetenz der Kinder messen zu können, ist es notwendig, unbekannte Texte zu verwenden, da sonst eher Merkfähigkeit und Fleiß als Rechtschreibleistung gemessen wird.

Zur Überprüfung des Lernfortschrittes habe ich drei Diktattexte verwendet. Die Texte enthielten Regelhaftigkeiten und einige Besonderheiten auf der Ebene der Laut-Buchstaben-Zuordnung. Ausnahmeschreibungen, Schärfungen nach kurz gesprochenen Vokalen, Auslautverhärtungen und kontextbezogene Regelungen kamen nicht vor.

Die Ampel ist grün.
Die Autos warten.
Kinder gehen auf die andere Seite.
Nun schaltet die Ampel um.
Franz möchte noch hinüberlaufen.
Da bremst der rote Porsche scharf.
Franz, das war eng!
MH 33 Wörter 156 Zeichen

Franz und Lore haben in der Schule Kunst:
Sie malen lauter grüne Frösche.
Dabei mischen sie die blaue und gelbe Farbe.
Franz malt auch eine Kröte.
Nun mischt er noch Rot hinzu.
MII 32 Wörter 145 Zeichen

Am Teich ist es leise und erholsam.
Frosch Frido kauert auf einem Stein.
Sonst ist er frech und ärgert die anderen.
Doch heute hat er Bauchschmerzen.
Da mag er gar nicht laut quaken.
MH 33 Wörter 150 Zeichen

Weder die Wörter noch die Texte wurden vorher mit den Kinder besprochen oder geübt. Der Text wurde zunächst vorgelesen und Verständnisfragen geklärt. Dann wurde der Text zeilenweise diktiert. Das Diktiertempo wurde hierbei an das Schreibtempo der Kinder angepasst.

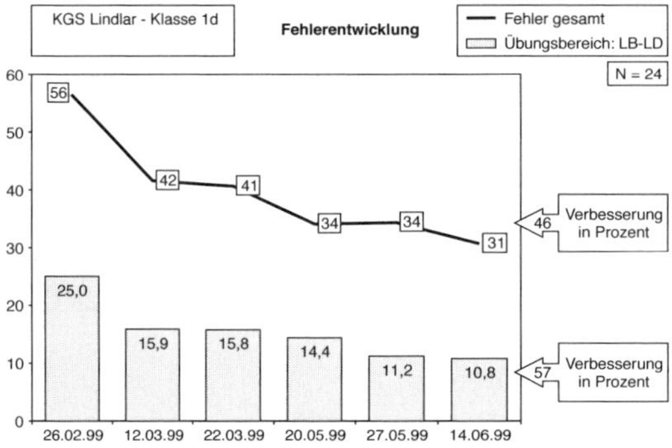

Deutliche Verbesserungen zeigten sich von Ende Mai in den Lernbereichen der Laut-Buchstaben-Zuordnung (LB) und der Durchgliederung (LD). Hier verbesserten sich die Kinder um über 50 %.

Für die Kinder waren die ersten Diktate spannend. Nach dem Bild-Wort-Test wussten sie, dass ihnen diese Lernstandskontrollen helfen, ihr Üben besser zu planen. Auch die langsam Lernenden gingen gelassen mit diesen Prüfsituationen um, da sie erfahren hatten, dass sie das Lernziel erreichen können. So konnten die Kinder Schritt für Schritt an Leistungsmessungen herangeführt werden, ohne Prüfungsangst zu entwickeln.

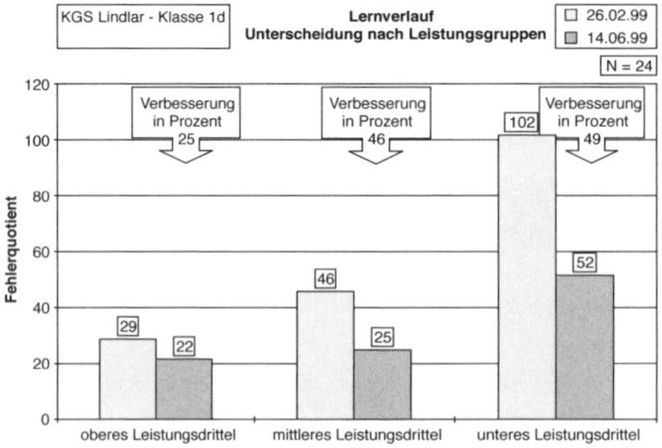

Bei einem Vergleich der verschiedenen Leistungsgruppen zeigte sich, dass alle Kinder von den Übungen in gleichem Maße profitierten. Dabei muss berücksichtigt werden, dass die leistungsstarken Kinder in dieser Zeit mit der Schreibschrift begannen, was in den letzten Wochen deutlich zu Lasten der Rechtschreibung ging.

Reflexion

Die Kinder in meiner Klasse haben sich für ihre Auswertungen sehr interessiert. Um Vergleiche (ich bin besser/schlechter als ...) zu verhindern, habe ich ihnen erst nach dem zweiten Diktat eine Rückmeldung über die Ergebnisse gegeben. Hier konnte ich dann bei allen auf Lernfortschritte hinweisen, auch wenn die Ausgangslage (Ergebnis des ersten Diktates) sehr verschieden war. Meinen Beobachtungen nach wirkte sich die Rückmeldung über den Lernertrag auf alle Kinder motivierend aus. Da auch die langsam Lernenden einen deutlichen Lernzuwachs erzielten, kam es nicht zu Stigmatisierungen.

Auch für mich ergaben diese Auswertungen wichtige Rückmeldungen. Obwohl die langsam Lernenden in ihrer Gesamtleistung deutlich unter dem Klassendurchschnitt lagen, so zeigten die Lernverläufe dennoch merkliche Fortschritte. Deshalb konnte ich viel gelassener mit diesen Kindern umgehen. Bei den Leistungsstarken war ein Leistungseinbruch festzustellen, der mit der Einführung der verbundenen Schrift im Zusammenhang stand. Mit diesem Ausmaß hatte ich nicht gerechnet. Im Nachhinein ist mir natürlich klargeworden, dass die Aufmerksamkeit der Kinder durch die verbundene Schrift so stark gebunden wird, dass sie nicht gleichzeitig auch noch ihre Rechtschreibkompetenz weiterentwickeln können. Dies zeigt einmal mehr, dass es nicht sehr sinnvoll ist, schon früh mit einer verbundenen Schrift zu beginnen. Erstaunlich fand ich, dass am Ende der Klasse 1 bereits fünf Kinder Texte auf der Lautebene völlig sicher verschriften konnten.

Die Analyse der Lernfortschritte zeigen den Vorteil eines differenzierten Rechtschreibtrainings: Sowohl die leistungsstarken als auch die langsam lernenden Kinder profitieren hiervon in gleichem Maße. Schwierigkeiten im Lernprozess können frühzeitig erkannt werden, sodass man gezielte Übungen anbieten kann. Die Kinder entwickeln schon in der ersten Klasse eine Methodenkompetenz und ein hohes Maß an Selbstständigkeit. Für mich waren die Analysen dort besonders spannend, wo sich die Wirkung und Effektivität bestimmter Methoden ablesen ließen (Modellwortschatz, Abschreibtexte).

Entwicklung der Schrift beim freien Schreiben

Am deutlichsten ist die Entwicklung der Kompetenz, Sprache zu verschriften, an den frei geschriebenen Texten zu beobachten. (s. Beispiele S. 9 ff.)

In einer ersten Klasse ist es besonders beeindruckend zu erleben, wie Kinder zunächst nur einzelne Laute in Buchstaben übertragen, dann Wörter und kurze Sätze schreiben und am Ende des Jahres bereits spannende

Geschichten „erzählen". Hier drei Beispiele zum Lernstand am Ende der Klasse 1:

die Tobis machen
mamelade Leo
ist eine erbke
Mama kort
die mamelade
Papa tut
die mamelade
in die gläser
fülen

der maulwurf
Baut sich
ein Zaun
er möchte
Rue haben
Sie freuen
sich schon
auf das
Läkeres
Füschtg

Die Tobis machen Marmelade. Leo isst eine Erdbeere. Mama kocht die Marmelade. Papa tut die Marmelade in die Gläser füllen. Der Maulwurf baut sich einen Zaun. Er möchte Ruhe haben. Sie freuen sich schon auf das leckere Frühstück. Leo ist auf dem Baum und isst eine Erdbeere.
(Juni – unteres Leistungsdrittel)

Leo
ist
auf
Den
Baum
und
ist
eine
erbre

Es ist Juni. die tobis mache
Erlber mamelade aus
frischen ertberen Leo
nascht Papa füllt
die ertberen in die
gläser Mama kocht
die mamelede Ela
freut siech Auf das
früschtüg

Es ist Juni. Die Tobis machen Erdbeermarmelade aus frischen Erdbeeren. Leo nascht. Papa füllt die Erdbeeren in die Gläser. Mama kocht die Marmelade. Ela freut sich auf das Frühstück.
(Juni – mittleres Leistungsdrittel)

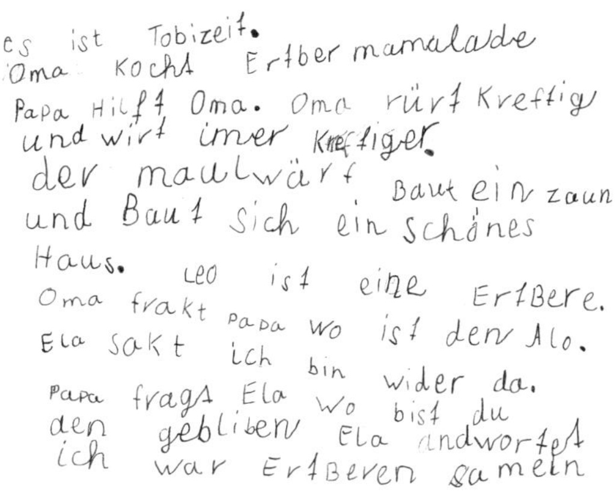

•

Es ist Tobizeit. Oma kocht Erdbeermarmelade. Papa hilft Oma. Oma rührt kräftig und wird immer kräftiger. Der Maulwurf baut einen Zaun und baut sich ein schönes Haus. Leo isst eine Erdbeere. Oma fragt Papa: „Wo ist denn Alo?“
Papa fragt Ela: „Wo bist du denn geblieben?“ Ela antwortet: „Ich war Erdbeeren sammeln.“
(Juni – oberes Leistungsdrittel)

Am Ende der Klasse 1 schreiben die Kinder lauttreue Texte. Sie haben gelernt, ihre gesprochene Sprache in Buchstaben zu übertragen. Dabei berücksichtigen sie die allgemeinen Prinzipien für die Laut-Buchstaben-Zuordnung. Der Leistungsunterschied ist vor allem auch ein sprachlicher Kompetenzunterschied. Dies zeigt einmal mehr, dass die Grundlage der Rechtschreibung die sprachliche Bildung der Kinder ist.

Die Verschriftung von Sprache, die Übertragung der gehörten Laute in Buchstabenfolgen – das ist bereits Rechtschreibung, auch wenn die Schreibung der Kinder noch weit von der orthografisch richtigen Schreibung der Erwachsenen entfernt ist. Aber – und das ist wichtig – die Kinder trauen sich, alles, was ihnen im Kopf umhergeht, schriftlich auszudrücken. Am Ende der ersten Klasse haben sie damit das Wichtigste gelernt: Geschriebene Sprache ist festgehaltene Sprache; ich kann mich mitteilen, und das, was ich zu „sagen“ habe, wird von anderen interessiert gelesen.

8 Elternabende – Die Eltern über das Rechtschreiben-Lernen informieren

Nicht jeder, der schreiben kann,
kann auch alles richtig schreiben.
Nicht jeder, der richtig schreiben kann,
versteht auch etwas von der Rechtschreibung.
Nicht jeder, der etwas von der Rechtschreibung versteht,
kann dies auch Kindern vermitteln.
Nicht jeder, der Kindern Rechtschreibung vermittelt,
nutzt hierfür effektive Lernmethoden.

Alle Eltern sind irgendwann zur Schule gegangen und haben dort Lesen und Schreiben gelernt. Alle Eltern wissen also, wie das geht, wie Schule und wie Unterricht aussehen. Dieses intuitive Erfahrungswissen unterscheidet sich vom Wissen der Lehrerin. Der Unterschied besteht vor allem in der Professionalität der Lehrerin. Sie lässt sich in ihrem Handeln von einer Theorie des Lese- und Schreiblernprozesses leiten. Danach plant sie den Unterricht, wählt geeignete Methoden aus und kontrolliert, zu welchem Lernertrag dieser Unterricht bei den Kindern führt.

Einerseits ist es wichtig, das Erfahrungswissen der Eltern ernst zu nehmen. Schlechte Erfahrungen könnten leicht auf die Kinder übertragen werden und gute Erfahrung vorschnell dazu führen, veralteten Methoden das Wort zu reden. Andererseits muss den eigenen Erfahrungen der Eltern auch das professionelle Handeln der Lehrerin gegenübergestellt werden.

Es ist daher notwendig (und spart viele unnötige Auseinandersetzungen), auf Elternabenden die geänderte Sicht des Lese- und Schreiblernprozesses zu erläutern, die eingesetzten Methoden vorzustellen und die Lernentwicklung der Kinder offenzulegen. Eltern werden mir und meinem Unterricht dann vertrauen, wenn sie merken, dass ich im Unterricht geplant und überlegt (also professionell) vorgehe, die Lernentwicklung jedes Kindes im Auge habe und ihr Kind differenziert unterstütze.

Die Elternabende dienen dazu, Theorie, Unterricht und Methoden den Eltern transparent zu machen. Die Elternsprechtage werden genutzt, um den Eltern individuelle Rückmeldung über die Lernentwicklung ihres Kindes zu geben.

Auf den verschiedenen Elternabenden in der 1. Klasse sollte immer ein Teil des Abends dafür verwendet werden, um Theorie und Methoden zum Lese- und Schreiblernprozess den Eltern zu vermitteln. Wichtige Themen hierfür sind:

- Wie lernen Kinder Rechtschreiben?
  Rechtschreiben ist ein qualitativer Lernprozess (analog zur Sprachentwicklung).
  Wir entwickeln Schreibkonstruktionssprinzipien und kein inneres Rechtschreibwörterbuch.
  Die Ordnung der deutschen Rechtschreibung folgt einigen wenigen Prinzipien, die historisch gewachsen sind. Der Unterricht vermittelt diese Ordnung und nicht die richtige Schreibung einzelner Wörter.
- Rechtschreibfehler gibt es nicht.
  Verschreibungen sind wichtige Hinweise für die Lehrerin. Sie zeigen den Stand der Lernentwicklung auf. Die qualitative Analyse der Fehler ist wesentlich für die Planung des Unterrichts und der Rechtschreibübungen.
  Nicht die Fehler, sondern das, was das Kind kann, verstärken – ermutigende Erziehung – analog zur Sprachentwicklung.
  Kinder lernen an richtigen Modellen und nicht aus Fehlerhinweisen. Kinder prägen sich keine Falschschreibungen ein. (Der Irrtum mit dem Wortbildspeicher).
- Jedes Kind lernt anders.
  Die Kinder sind verschieden und lernen verschieden. Dies wird im Unterricht durch differenzierte Übungsstunden und differenzierte Methoden berücksichtigt. (Wichtige Lernmethoden sowie der Hör-, Schreib- und Sehpass werden vorgestellt.)
  Leistungsstarken wie langsam lernenden Kindern kann der Unterricht nur gerecht werden, wenn er ihnen dort Zeit lässt, wo sie mehr Zeit brauchen, um etwas zu verstehen und sie zugleich nicht mit Übungen belastet, die keinen Lernertrag mehr bringen.
  (Beispiele unterschiedlicher Leistungsstände und Lernentwicklungen aus der Klasse werden den Eltern gezeigt.)
- Hausaufgaben sind für die Kinder und nicht für die Eltern.
  Da die Kinder verschieden lernen, werden auch die Hausaufgaben (wo es notwendig ist) differenziert gestellt. Nicht alle Kinder bekommen die gleichen Hausaufgaben.
  Die Hausaufgaben werden so gestellt, dass die Kinder sie selbstständig und ohne Hilfe in angemessener Zeit bewältigen können.
  Die Eltern sollen Bescheid sagen, wenn ihr Kind die Hausaufgaben nicht selbstständig erledigen kann oder zu viel Zeit benötigt. Unnötiger Ehrgeiz ist hier eher schädlich. Nur was die Kinder sich selbst erarbeiten, bleibt auch aktives Wissen und Können.

9 Schlussbemerkung

Der Unterschied zwischen den Erstklässlern scheint von Jahr zu Jahr größer zu werden. Die Medien (Fernseher, Videofilme, Computer, Internet) werden von einigen Kindern bereits im Vorschulalter recht ausgiebig genutzt. In fast jeder ersten Klasse finden wir Kinder, die bereits lesen und mehr als nur ihren Namen schreiben können. Und in den gleichen Klassen finden wir auch Kinder, die noch nie ein Buch gesehen haben, denen nie vorgelesen wurde. Und ebenso sind in fast allen Klassen Kinder, die in einer anderen Muttersprache groß geworden sind und die deutsche Sprache nur unzureichend sprechen und verstehen.

Auf diese großen Unterschiede in den Lernvoraussetzungen folgt eine unterschiedliche Nutzung der Lernangebote und Lernmethoden. Darüber hinaus brauchen einige Kinder für bestimmte Lernschritte viel und andere wenig Zeit.

Unter diesen geänderten Bedingungen ist ein gleichschrittiges Lernen in der Grundschule nicht mehr zeitgemäß. Es behindert sowohl die leistungsstarken als auch die langsam lernenden Kinder. Nur ein differenzierter Unterricht kann den Leistungsunterschieden gerecht werden.

Andererseits: Immer mehr geht Kindern, die als Einzelkind oder in Einelternfamilien aufwachsen oder die intensiv im Vorschulalter neue Medien nutzen, ein soziales Lernfeld verloren. Schule muss Gelegenheit zum sozialen Lernen und Handeln bieten. Ein individualisierter Unterricht ist daher genauso schädlich wie ein gleichschrittiger.

Die Herausforderung an die Entwicklung neuer Unterrichtskonzepte besteht darin, einen gesunden Ausgleich zwischen Klassenunterricht und differenzierten Übungen herzustellen.

Fächerübergreifende Werkstätten oder Projekte, in denen die Kinder „die Welt gemeinsam entdecken" und wo sie ihre unterschiedlichen Fähigkeiten und ihr Wissen einbringen können und eine Abkopplung differenzierter Trainingsstunden für das Einüben bestimmter Techniken und Fertigkeiten bieten eine Möglichkeit, den Unterricht in der Grundschule weiterzuentwickeln.

Das Konzept „Richtig schreiben lernen – Schritt für Schritt von Anfang an" ist der Versuch, differenzierte Übungen so zu gestalten, dass

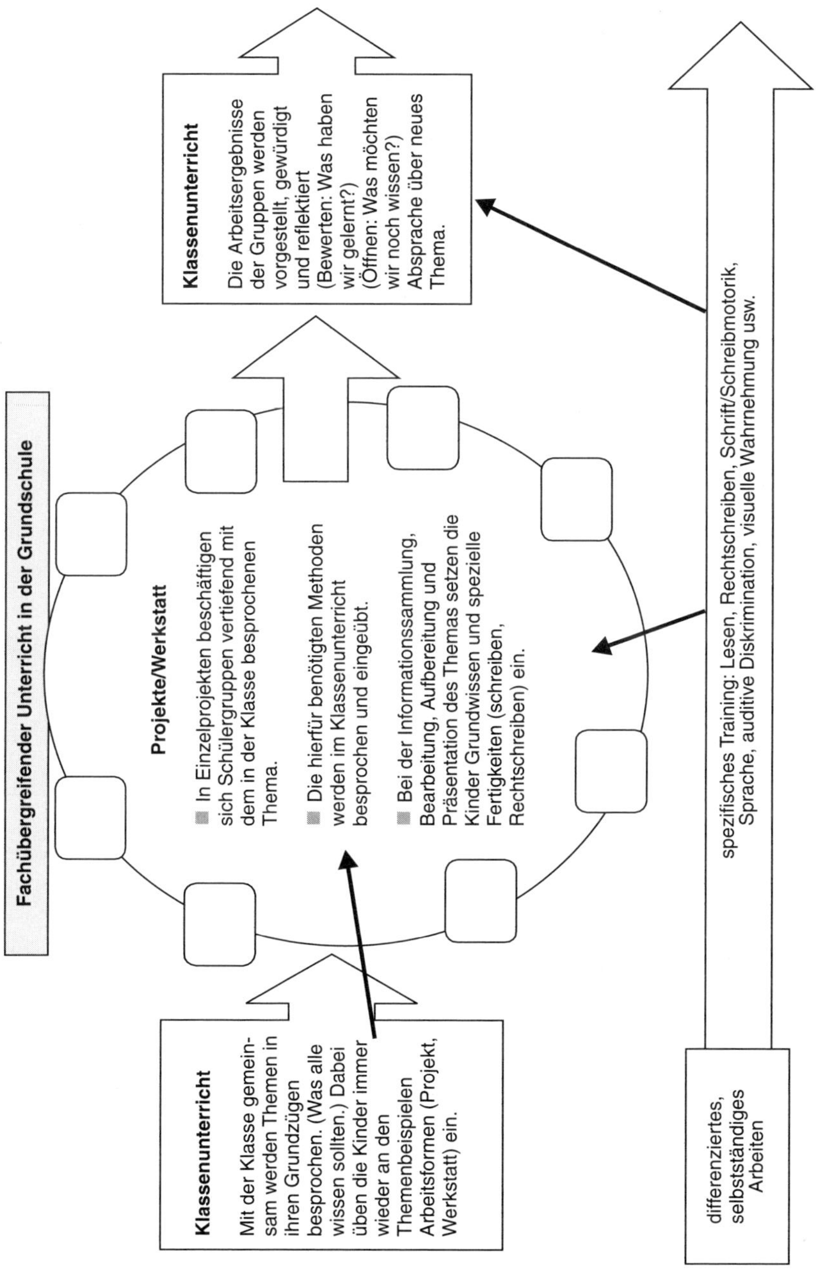
Fachübergreifender Unterricht in der Grundschule
Klassenunterricht
Mit der Klasse gemeinsam werden Themen in ihren Grundzügen besprochen. (Was alle wissen sollten.) Dabei üben die Kinder immer wieder an den Themenbeispielen Arbeitsformen (Projekt, Werkstatt) ein.
Projekte/Werkstatt
In Einzelprojekten beschäftigen sich Schülergruppen vertiefend mit dem in der Klasse besprochenen Thema.
Die hierfür benötigten Methoden werden im Klassenunterricht besprochen und eingeübt.
Bei der Informationssammlung, Bearbeitung, Aufbereitung und Präsentation des Themas setzen die Kinder Grundwissen und spezielle Fertigkeiten (schreiben, Rechtschreiben) ein.
Klassenunterricht
Die Arbeitsergebnisse der Gruppen werden vorgestellt, gewürdigt und reflektiert
(Bewerten: Was haben wir gelernt?)
(Öffnen: Was möchten wir noch wissen?)
Absprache über neues Thema.
differenziertes, selbstständiges Arbeiten
spezifisches Training: Lesen, Rechtschreiben, Schrift/Schreibmotorik, Sprache, auditive Diskrimination, visuelle Wahrnehmung usw.

- die Kinder eine Methodenkompetenz aufbauen und in ihrem eigenen Lerntempo arbeiten können. Damit werden sowohl leistungsstarke als auch langsam lernende Kinder angemessen gefordert und gefördert;
- jederzeit der Stand der Lernentwicklung für alle (Kinder, Lehrerin, Eltern) sichtbar und überprüfbar ist. Damit werden Schwierigkeiten frühzeitig erkannt, und es kann ihnen durch eine Veränderung der Methoden frühzeitig entgegengewirkt werden;
- die eingesetzten Methoden fortlaufend auf ihre Effektivität hin überprüft werden können. Damit wird stetig die Qualität des Unterrichts verbessert und die Unterrichtszeit effektiv genutzt.

Die Auswertungen der Lernstandskontrollen und die Arbeitsergebnisse zeigen, dass bei dieser Vorgehensweise alle Kinder, deren Klasse ich begleitet habe, zu Lernergebnissen gekommen sind, die deutlich über den Anforderungen der Lehrpläne lagen. Noch wichtiger aber ist, dass die Kinder bereits in der ersten Klasse in der Lage waren, eine weitgehend selbstständige und methodenkompetente Lernhaltung zu entwickeln.

Bunte Arbeitsblätter und Lernspiele als Lernmotivation waren völlig überflüssig. Die Kinder hatten ein erreichbares Ziel vor Augen und wussten, mit welchen Übungen dieses Ziel erreicht werden kann. Das war Motivation genug.

In den Trainingsstunden entwickelten die Kinder allmählich einen bestimmten Arbeitsrhythmus. Sie griffen die verschiedenen Übungsformen auf und arbeiteten intensiv und konzentriert. Ihre Schreibideen waren oft so vielfältig, dass gar nicht alle im Unterricht aufgegriffen werden konnten. Und in den Lesestunden konnten zum Schluss gar nicht so viele Bücher angeschafft werden, wie die Kinder haben wollten.

Gegen Ende des Schuljahres fragten immer mehr Kinder nach den nächsten Übungen aus der Rechtschreibwerkstatt: „Wann lernen wir, ob ein Wort groß- oder kleingeschrieben wird?“ Sie hatten einen Überblick über das, was sie bereits geschafft hatten und darüber, was sie noch alles lernen müssen. Die Rechtschreibung war für sie durch das Bild der Rechtschreibwerkstatt überschaubar geworden. Dadurch konnten die Kinder leichter eine positive Lernhaltung aufbauen: Sie wussten, dass sie sich etwas zutrauen können.

Im neuen Schuljahr werden die eingeführten Methoden fortgeführt und durch weitere Übungen ergänzt. Als Bezugsrahmen bleibt die Rechtschreibwerkstatt bestehen. So können sich die Kinder Schritt für Schritt die neuen Lerninhalte erarbeiten und „Zimmer für Zimmer“ die Rechtschreibung erobern.

Lernen die Kinder von Anfang an „Richtig schreiben – Schritt für Schritt“, so ersparen sie sich auf ihrem Weg zur Schrift eine Menge Stolpersteine. Darüber hinaus wird für die Lehrerin das Lesen- und Schreibenlehren zu einer spannenden Sache, bei der sie selbst noch eine Menge lernen kann.

Literatur

Quellen

Bertschi-Kaufmann, Andrea; zitiert nach: Strycker, Brigitte: Lesetagebuch, in: Bartnitzky, Horst u. a. (Hrsg.): Schatzkiste Sprache 1, Von den Wegen der Kinder in die Schrift, Arbeitskreis Grundschule 1998, Bd. 104, S. 206–209

Kretschmer, Christine: Was ich Cornelius beibringe; in: Praxis Deutsch 1986, H. 80

Metze, W./Sennlaub, G.: Tobi-Fibel. Handbuch, Cornelsen, Berlin 1993

Sommer-Stumpenhorst, Norbert und Urbanek, Rüdiger: Lese-Schreib-Lernkiste, Cornelsen, Berlin 1993 (vergriffen)

Sommer-Stumpenhorst, Norbert: Materialien für den Anfangsunterricht Rechtschreiben: www.collishop.de

Sommer-Stumpenhorst, Norbert: Rechtschreibenlernen mit Modellwörtern, Cornelsen, Berlin 2005

Sommer-Stumpenhorst, Norbert: Lese- und Rechtschreibschwierigkeiten – vorbeugen und überwinden, Cornelsen, Berlin 2006

Sommer-Stumpenhorst, Norbert: Arbeitshefte zum Modellwortschatz, www.collishop.de, Beckum 2007

Weger, Thomas: Graf Orthos Lesetruhe, www.collishop.de, Beckum 2007

Computerprogramme

Auswertungsprogramm zum Bild-Wort-Test, Lerndesign, Gießen 2005, www.collishop.de

Graf Orthos Tastaturtraining, www.collishop.de

Graf Orthos Laut-Buchstaben-Sortiermaschine, Lerndesign, Gießen 2005, www.collishop.de

Internet

Weiterführende Informationen finden Sie im Internet unter: www.recht schreibwerkstatt.de

Zahlreiche Materialien können kostenlos heruntergeladen werden unter www.download.rechtschreibwerkstatt.de

Hilfreiche Anregungen finden Sie auch im Forum: www.forum.rechtschreibwerkstatt.de. Dort können Sie auch Fragen zum Unterricht stellen.

Bücher für die Lesekiste

Umfangreiche Bücherlisten finden Sie im Internet unter:

www.antolin.de – Kinderliteraturlisten, Protokollierung gelesener Bücher für Kinder

www.leseforum.bayern.de – Lektüre und Büchertipps, Literaturlisten

www.leseland.de – Suchmaschine für Kinderbücher

www.lepion.de (ehemals: www.lesepirat.de) – Protokollierung gelesener Bücher für Kinder; Kinderliteraturlisten

www.stiftunglesen.de – Kinderliteratur, Besprechungen, Projekte, Bücherlisten

Verwendete Bilderbücher

LIONNI, LEO: Cornelius, Middelhauve 1994

HEINE, HELME: Freunde, Middelhauve 1983

CARLE, ERIC: Die kleine Maus sucht einen Freund, Gerstenberg 1984

BRÖGER, ACHIM und KALOW, GISELA: Guten Tag, lieber Wal, Thienemann 1991

PFISTER, MARCUS: Der Regenbogenfisch, Nord-Süd Verlag, 1992

Prüfbögen aus der Lese- und Schreib-Lernkiste, Cornelsen, Berlin 1993

Das Märchen vom dicken, fetten Pfannkuchen

SCHUBERT, INGRID und DIETER: Irma hat so große Füße, Sauerländer 1994

HEINE, HELME: Die Perle, Middelhauve, 1994

SCHREIBER-WICKE, EDITH und HOLLAND, CAROLA: Als die Raben noch bunt waren, Thienemann 1992

Fitmacher für die Grundschule

Lehrerbücherei Grundschule *Deutsch*	**ISBN 978-3-589**
Grammatikunterricht in der Grundschule	05065-9
Bildungsstandards für die Grundschule: Deutsch konkret	05138-0
Gute Aufgaben Deutsch	05131-1
Lesekompetenz erwerben, Literatur erfahren	05105-2
Lese- und Rechtschreibschwierigkeiten: vorbeugen und überwinden	05120-5
Richtig schreiben lernen von Anfang an	05126-7
Schreibaufgaben	05115-1
Schriftsprache erwerben	05146-5
Sprachunterricht heute	05121-2
Texte bearbeiten, bewerten und benoten	05076-5
Umgang mit Gedichten	05145-8
Wege zum selbstständigen Lesen	05022-2
Zeit für die Schrift. Band I / Band II	05108-3 / 05104-5
Ideenwerkstatt	
45 Unterrichtsideen Deutsch **NEU**	05160-1
Kopiervorlagen	
Lesekompetenzen gezielt fördern **NEU**	05153-3
Für das Schreiben begeistern **NEU**	05161-8
Kompakt	
Sprache untersuchen und erforschen **NEU**	05151-9

Informieren Sie sich unter der Nummer 0180 12 120 20 (3,9 ct/min. aus dem Festnetz der Dt. Telekom) oder in unserem Onlineshop: www.cornelsen-shop.de

Cornelsen
SCRIPTOR